신약을 읽다

14주 바이블 워크북

신약을 읽다

CASKET EMPTY

14주

바이블
워크북

데이비드 파머 · 존 모서 지음

이대은 옮김

죠이북스

차 례

서문

스물일곱 권으로 이루어진 신약 성경은 여러 저자가 3대에 걸쳐 기록한 책으로 구약 성경에서 시작한 하나의 구속 이야기를 완성한다. 이 바이블 워크북에서 우리는 신약 성경에서 가장 중요한 인물인 예수 그리스도를 만나게 될 것이다. 그분은 하나님의 아들이시며, 우리의 구주로서, 만물의 주시다. 그분의 삶과 죽음과 부활이야말로 성경 전체 줄거리의 핵심이다. 이 외에도 중요한 인물들을 만나게 될 텐데, 예수의 제자인 베드로와 야고보와 요한, 그리고 바울과 누가 및 아굴라와 브리스길라와 같은 초기 선교사들이다. 또 오순절에 성령의 임하심, 확장되는 교회의 증인들, 믿지 않는 세상에서 교회가 박해를 받으면서도 신실하게 인내하는 모습 등을 배우게 될 것이다.

'빈 무덤'(CASKET EMPTY) 시리즈의 전제는 성경의 개별 이야기들과 각 책들을 이해할 수 있는 단 하나의 이야기가 존재한다는 점이다. 따라서 그 이야기를 이해하면, 각 구절들과 책들이 하나의 큰 이야기에 조화롭게 맞아 들어간다는 것을 알게 될 것이다. 이 사실은 신약 성경을 이해하는 데 특히 중요하다. 우리는 신약 성경의 열 구절 중 한 구절 정도는 구약 성경을 명시적으로 인용하거나 분명하게 암시한다는 사실을 잘 모를 수도 있다. 하지만 복음서 기자들은 예수 그리스도의 오심을 구약에서 하나님이 주신 약속과 연결한다. 하나님 나라, 믿음으로 말미암는 칭의, 죄 용서 등과 같은 신약의 핵심 주제는 구약에 깊이 뿌리내리고 있다. 예수께서는 직접 설교하시며, 때가 찼고 하나님 나라가 가까이 왔다는 좋은 소식을 전하셨다. 그분은 사람들에게 회개하고 복음을 믿으라고 요청하셨다. 초기 기독교인들은 구약의 모든 선지자가 예수를 증거한다고 이해했다. 그분을 믿는 자는 누구든지 죄 사함을 받는다. 기독교 신학의 뼈대는 그리스도 안에서 성취된 구약의 소망이다. 성경에는 창세기부터 요한계시록까지 놀랍고도 일관적인 하나의 비전이 있다. 앞으로 14주에 걸쳐 이 바이블 워크북을 공부한다면, 하나님 말씀의 풍성함과 그 말씀이 오늘날 우리 삶에 어떤 영향을 끼치고 우리 삶을 빚어 내는지를 배우게 될 것이다.

성경 이야기의 주인공은 하나님이기 때문에 신약 성경을 연구하면 하나님의 정체성과 성품, 그리고 하나님이 세우신 구속 계획이 얼마나 경이로운지 발견하게 될 것이다. 예수께서는 제자들에게 자신을 본 사람은 아버지를 본 것이라고 말씀하신다. 신약 성경은 하나님이 구원하시는 목적의 초점이 예수의 죽음과 부활에 있음을 보여 준다. 예수께서는 세상 죄를 지고 가는 하나님의 어린양이시다. 그분은 아버지의 사랑으로 보냄받으신 사랑받는 아들이시다. 예수께서는 죄와 사망 권세를 이기셔서 그리스도 예수 안에 있는 자에게 결코 정죄함이 없게 하신다. 그분의 부활은 하나님이 새롭게 창조하신 세상이 도래했으며 하나님이 옛적에 주신 약속이 성취되었음을 나타내는 표시다. 그분은 육체로 부활하시어 죽은 자들의 첫 열매가 되시고, 우리의 부활도 보증하신다.

신약 성경은 우리에게 기독교 제자도의 모범으로서 예수의 죽음과 부활을 가리킨다. 예수는 "누구든지 나를 따라오려거든 자기를 부인하고 자기 십자가를 지고 나를 따를 것이니라"(마 16:24)고 말씀하신다. 우리는 매일의 삶에서 자신에 대해 죽어야 한다. 그래야 새 생명 가운데서 행할 수 있다. 이 바이블 워크북의 목표는 신약의 전체 줄거리를 배우고 하나님의 구속 계획이 예수 안에서 놀랍게 성취되었음을 이해하는 것뿐 아니라, 당신이 개인적으로 살아 계신 하나님을 새롭게 만나 **당신을 향한** 그분의 신실한 사랑에 감동되는 것이다. 당신이 그리스도 예수 안에서 하나님의 사랑을 경험할 때 당신은 그분의 사랑 때문에 헌신적으로 섬기게 될 것이다. 당신이 하나님이 구원하신 목적을 경외할 때, 감사하는 마음으로 생명을 바치게 될 것이다. 당신이 그리스도로만 기뻐할 때, 다른 사람들에게 그분을 전하여 죽임당하신 어린양 예수를 함께 예배할 수 있을 것이다. 그분은 모든 족속과 언어와 백성과 나라 가운데서 사람들을 구속하셨다.

빈 무덤(CASKET EMPTY®)을 통한 성경 이야기

빈 무덤(CASKET EMPTY®) 커리큘럼은 성경의 구속 이야기를 이해하고 기억하기 쉽게 배울 수 있도록 고안되었다. 연구 첫 주에는 'CASKET EMPTY'라는 두문자어를 소개하는데, 이 단어를 통해 성경을 연대기적으로, 신학적으로 종합할 수 있다. 'CASKET EMPTY'에서 밝혀 낼 구속 이야기는 구약(CASKET)의 핵심적인 여섯 시기와 신약(EMPTY)의 핵심적인 다섯 시기에 집중한다. 당신은 이 커리큘럼을 통해 성경에는 일관성과 통일성이 있다는 사실을 깨달을 것이다. 성경의 유일한 저자이신 하나님이 직접 인간 저자에게 영감을 주시고 자신의 영으로 능력을 주셔서 피조 세계를 구원하시는 계획에 관해 그들로 하여금 기록하게 하셨기 때문이다. 이것이 세상의 진정한 이야기이며, 우리 삶에 의미와 목적을 부여하는 단 하나의 이야기다. 성경은 하나님의 살아 있는 말씀으로, 우리가 겸손히 그분의 얼굴을 구하며 목소리를 듣고자 할 때 우리에게 직접 말씀하신다.

신약 여행을 위해 필요한 준비물

성경책_ 읽기 쉬운 성경을 사용하라. ESV, NASB, NIV 등은 모두 신뢰할 만한 역본이다(읽기 쉬운 한글 성경으로는 개역개정, 새번역, 현대인의성경 등이 있다_ 편집자). 특정 성경 구절 또는 성경 각 권을 더 깊이 탐구하기 원한다면, 스터디 바이블 (Study Bible)도 도움이 된다. (잘 알려진 '유버전'[YouVersion]과 같은) 몇몇 성경 애플리케이션을 온라인에서 사용할 수도 있다. 이러한 애플리케이션이 편리하지만, 종이책으로 된 자기 성경을 소유할 때에만 누릴 수 있는 이점이 있다. 당신에게 와닿거나 당신이 연구할 때 핵심이 되는 구절에 밑줄을 그을 수 있고, 여백에는 글을 쓸 수도 있다! 때로 같은 성경 구절을 NLT 성경이나 「메시지」 성경 등 다양한 역본으로 읽으면 도움이 된다. 다른 역본으로 하나님의 말씀을 새롭게 듣다 보면 "아하!" 하는 순간이 더 많이 생겨난다.

일정_ 이 바이블 워크북을 소그룹 또는 성경 공부 모임에 활용하고자 한다면, 당신이 속한 그룹이 매주 모든 성경 구절을 읽고 질문에 답을 적는 것을 목표로 정할 수 있다. 분량을 나누어 매일(약 20분가량) 몇 개의 질문을 읽고 답하는 식으로 하거나, 일주일에 한 번 시간을 정해서 할 수도 있다. 읽기 일정을 달력에 기록하고 정기적으로 연구하는 방식을 계획해 보면 도움이 될 것이다.

성경 연구 질문_ 매주 신약 성경 네다섯 장과 구약 성경에서 고른 몇 구절을 읽을 것이다. 읽은 내용에 관한 질문이 있는데, 그 구절을 묵상하고 심층적으로 연구할 수 있도록 고안되었다. 질문에 대한 답은 직접 쓰고 그룹과 나눌 수 있도록 준비해야 한다. 때로는 읽은 내용을 기초로 간단한 표를 채우기도 할 텐데, 해당 구절 내용을 체계화할 수 있도록 고안되었다.

답하기 어려운 질문이 있다면 인도자에게 알려서 그룹에 있는 누군가에게 도움을 받으라. 거리낌 없이 질문할 수 있어야만 하나님의 말씀 연구가 발전하고 당신이 속한 그룹의 구성원들과 신뢰를 쌓을 수 있다. 이뿐 아니라 매주 당신이 연구한 바를 삶에 적용하도록 요청받을 것이다. 정보도 중요하지만 변화가 나타나려면 성령께서 당신에게 개인적으로 하시는 말씀을 더 깊이 묵상해야 한다. 기도하는 마음을 유지하라. 그리고 당신을 바꾸시는 예수의 능력에 마음 문을 온전히 열라.

「신약을 읽다」, 신약 연대표, 지도_ 매주 연구 내용 마지막 부분에서 신약 연대표 (한글판은 「신약을 읽다」[죠이북스 역간] 커버, 또는 별책으로 출간된 「성경 연대표」[죠이북스 역간]에 수록되어 있다_ 편집자)를 다시 살펴보도록 요청받을 것이다. 또 신약 지도 (한글판은 PDF 전자책으로 출간된 「신약을 읽다: 강의 자료집」[죠이북스 역간]에 수록되어 있다_ 편집자)에 나오는 관련 지도도 함께 살펴야 할 것이다. 이 단계를 건너뛰지 말라. 연대표를 매주 되새겨 보는 것만으로도 당신이 성경 이야기의 어느 지점에 있는지를 시각적으로 잘 인식할 수 있을 것이다. 당신은 성경이 신학적으로 어떻게 들어맞는지를 이해하는 데 도움을 줄 일반적인 주제와 양식을 알아차리기 시작할 것이다. 연대표에 나오는 그림들은 신학적인 의의가 있는 주요 사건을 대표한다. 그리고 연대표 뒷면에 있는 "신약 신학을 이해하기 위한 핵심 주제" 부분에서는 각 그림을 설명한다. 관련 지도를 살펴보면 핵심 사건과 이야기들이 발생한 지리적 위치를 파악하는 데 도움이 된다. 14주 과정 동안 당신은 복음이 여러 민족에게 선포되고 새롭게 형성된 교회에서 제자를 삼기 위해 성경이 가르쳐질 때 예수와 초기 교회가 지리적으로 어떻게 이동했는지에 대해 더 깊이 이해할 수 있다. 매주 읽을거리들은 「신약을 읽다」에 있는 내용들이다. 이 추가적인 읽기 자료는 필수는 아니지만 신약을 더 깊이 이해하기 원하는 사람에게 추천한다. 「신약을 읽다」의 각 장은 두음 문자 'EMPTY'에 맞게 편성되어 있다. 즉 당신에게 친숙하지 않은 특정 시기가 있을 경우, 해당 장을 읽으면 그 간격을 메꾸고 하나님 말씀을 더 풍성하게 연구할 수 있을 것이다.

여행 동료_ 이 성경 연구를 홀로 할 수도 있겠지만 다른 사람과 함께한다면 훨씬 풍성할 것이다. 당신은 교회 성경 공부 모임이나 소그룹에 참여할 수 있다. 교회에 성경 공부가 열리지 않는다면 다른 이를 초대할 수도 있다. 소그룹이 대면으로 모일 수 없다면 줌(ZOOM)을 통해 온라인 형식으로 진행할 수도 있다. 이렇게 하는 것은 그리스도인 공동체 내에서 다른 사람들과 함께 여정을 걷는 또 다른 방법이다. 가능하다면 한 사람을 인도자로 정하라. 그래서 인도자가 질문을 인도하고, 각자 발견한 것들을 나누도록 격려하여 각 구절을 어떻게 적용할지 고심하게끔 더 질문하게 하라. 인도자들은 미리 「신약을 읽다」를 읽고, 이 책 마지막에 있는 인도자를 위한 지침을 참고하고, 웹사이트에서 영상을 보고 준비할 수 있다.

자매판 「구약을 읽다: 18주 바이블 워크북」

「구약을 읽다: 18주 바이블 워크북」과 「신약을 읽다: 14주 바이블 워크북」은 두 권으로 된 시리즈로, 구약이 18주, 신약이 14주로 구성되어 있다. 이렇게 보면 개별적이고 독립된 두 개의 워크북으로 여길 수도 있지만, 함께 연구하는 것이 이상적이다. 이런 방식으로 창세기에서 요한계시록에 이르기까지 성경 전체의 구속 이야기를 배울 수 있다. 신약 워크북과 마찬가지로 구약 워크북도 「구약을 읽다」(죠이북스 역간), 구약 연대표, 지도와 함께 사용하도록 고안되었다.

하나님의 말씀을 가르치고 설교하는 일의 우선성

오늘날에는 성경을 모르는 그리스도인이 점점 많아지고 있다. 그 가운데에서 우리는 이 책이 지역 교회에 유용한 자료가 되기를 기도한다. 성경은 우리에게 하나님의 말씀을 설교하고 가르치는 일에 헌신하라고 명한다. 우리의 관심을 끌기 위해 부르짖는 세상의 미디어에는 우리와 경쟁하는 목소리가 매우 많지만, 지금은 잠시 멈춰 서서 무엇이 중요한지를 묵상할 때다. 각 세대마다 교회 생활에서 어떻게 성경을 중심으로 삼을지에 대한 새로운 비전이 필요하다. 우리는 성경 연구를 통해 성경을 더 깊이 파고 들어가 우리 삶을 향한 하나님 나라의 목적을 새롭게 발견하기를 기도한다. 이 사실을 마음에 둔다면, 이 시리즈는 성경 전체를 관통하는 하나님의 구속 계획을 추적하는 교회 전반의 커리큘럼으로 적합하다고 볼 수 있다. 두 성경 연구를 함께 활용하면 (강림절, 부활절, 여름 휴식을 포함하여) 1년간 공부할 수 있는 32주 분량이 된다. 또한 이 과정에 맞추어 설교를 구상한다면 전체 회중이 성경 이야기를 함께 여행할 수 있다. 목회자는 설교할 성경 본문을 선정할 때 이 바이블 워크북에 있는 개요를 따를 수 있다. 「구약을 읽다」와 「신약을 읽다」는 추가 정보를 제공하며, 프레젠테이션 자료는 더 큰 모임에서 사용할 때 유용하다. 온라인에서 접할 수 있는 짧은 영상은 추가적인 배경 지식과 가르칠 때 필요한 팁을 제공한다 (casketempty.com을 방문하라).

주님이 자신의 말씀을 설교하고 가르치는 일에 복 주시기를!

데이비드 파머, 존 모서

1

하나의 구속 이야기

신약은 마태복음에서 요한계시록에 이르는 하나의 구속 이야기다. 예수 그리스도 안에서 하나님은 자신의 사랑하는 아들을 세상으로 보내셔서 세상을 구원하는 목적을 성취하신다. 예수께서는 때가 찼고 하나님 나라가 가까웠다는 놀라운 발언으로 대중에게 설교하신다. 구약 선지자들의 소망이 마침내 이루어진 것이다. 예수께서는 듣는 자들에게 회개하고 복음을 믿으라고 촉구하신다. 이것이 믿음으로 말미암은 새로운 생명의 시작이다. 예수께서는 남자, 여자, 어린아이를 부르시고 자신을 따르게 하신다. 그들은 예수의 제자가 되어 예수의 길로 가는 법을 배운다. 예수께서는 하나님 나라의 실재성을 입증하시고 자신이 약속된 왕, 오랜 시간 기다리던 메시아임을 드러내신다. 그분은 죄와 죽음과 악의 해결책이 되신다. 메시아인 예수께서는 십자가에서 세상의 죄를 지셨다. 그분의 고난과 죽음이 속죄, 곧 죄의 용서를 제공한다. 사흘 후, 무덤은 비어 있었고, 그분은 살아 있는 모습으로 발견된다! 예수의 부활은 죽음이 정복되고 하나님의 새 창조가 시작되었다는 증거다. 성경에는 하나의 구속 이야기가 존재하고, 예수께서 그 중심에 계신다. 예수께서는 이 이야기의 절정이시다. 그분의 죽으심과 부활을 상징하는 '빈 무덤'(CASKET EMPTY)이 이 시리즈의 제목이 된 이유도 이 때문이다.

예수께서는 제자들을 불러 이 좋은 소식을 온 세상에 전하게 하신다. 그리고 절대로 우리를 떠나지도, 버리지도 아니하리라 약속하신다. 그분은 성령을 보내셔서 우리가 모든 백성과 나라에 신실한 증인이 되도록 능력을 주실 것이다. 예수께서는 제자들을 보내 문화, 지리, 사회의 경계를 넘어 하나님 나라의 좋은 소식을 선포하게 하셨다. 하나님이 들려주시는 하나의 구속 이야기는 온 땅에 좋은 소식이다. 많은 사람이 아브라함, 이삭, 야곱과 같은 사람들과 함께 하나님 나라의 잔치를 즐기기 위해 동쪽과 서쪽에서 올 것이다. 어린양의 혼인 잔치에 초대받지 못한 사람은 아무도 없다. 예수의 죽음과 부활의 증인들이 아프리카, 아시아, 유럽, 그리고 그 너머까지 퍼져 나간다.

신약의 편지들은 제자들을 격려하고 교회를 든든히 하여 믿음 안에서 성장하게 한다. 예수께서는 자신을 믿는 모든 이의 모임인 교회를 직접 세우신다. 지옥의 권세는 이를 이길 수 없다. 어떤 인간의 계략도 그분의 목적을 막을 수 없다. 그분은 자신을 위해 한 백성을 모을 것이다. 그리고 그들은 예수의 영광을 찬양하는 존재가 될 것이다. 그들은 용서받은 죄인들의 공동체로서, 서로 화목하며 이 땅에서 정의에 헌신한다. 그들은 모든 사람에게 회개하고 믿으며 그분의 이름으로 용서를 구하라고 외친다. 예수 그리스도를 영접하는 모든 사람은 그분의 가족으로 입양되어 그리스도인이라는 명예로운 이름을 지니게 된다. 그들의 눈은 죽으셨다가 다시 살아나신 구주에게 고정되어 있다. 그들의 삶은 점점 그분을 닮아 간다. 그들은 두려움 없이 그리스도를 전하고 박해나 위협에도 흔들리지 않는다. 그들은 그분의 거룩한 이름을 욕되게 하거나 불명예스럽게 만들 만한 유혹을 피한다. 그들은 그분의 음성에서 멀어지게 하는 가르침을 거부한다. 그들은 그분의 몸이며, 그분의 신부다. 그들은 그리스도의 사랑받는 자들로서, 이 땅에서 담대하게 그분을 섬기며 영광스러운 재림을 간절히 기다린다. 하나님이 들려주시는 하나의 구속 이야기는 하나님의 사랑으로 그들의 마음을 채우고, 하나님을 향한 그들의 사랑은 넘쳐흐를 것이다.

연대기에 따른 신약 배치

신약에서 하나님의 구속 계획을 추적할 때, 각 권을 전체 줄거리 안에 위치시키는 능력은 중요하다. 신약은 스물일곱 권으로 구성되어 있다. 하지만 정확한 시간대와 역사 배경에 따라 읽기 위해서는 각 권을 원래 맥락 가운데 위치시켜 놓아야 한다. 신약의 각 권은 장르에 따라 구성되어 있다. 신약에는 복음서, 역사서, 서신서, 예언서, 이렇게 네 가지 문학 양식이 있다. 신약의 처음 네 권은 약속된 메시아 예수가 오셨다는 기쁜 소식에 초점을 맞추고 있기 때문에 복음서라고 불린다. 네 편의 복음서는 마태, 마가, 누가, 요한이다. 두 번째 문학 양식은 역사서(사도행전)다. 이 말은 신약의 다른 책들은 역사적 기록이 아니라는 뜻이 아니라, 누가가 예수께서 성부께로 승천하신 이후에 일어난 역사적 사건들을 기록하고 있기 때문에 사도행전을 역사로 여긴다는 뜻이다. 세 번째 문학 양식은 편지다. 신약에는 총 스물한 통의 편지가 있다. 이 편지들은 초기 교회 공동체에 기독교 교리와 정체성, 하나님의 백성이 예수를 따르는 자로서 살아가는 방법에 관한 지침을 제공하기 위해 기록되었다. 신약의 편지들을 읽을 때는 연대순으로 배치되어 있지 않다는 점에 주의해야 한다. 대신 스물한 통의 편지는 저자별로 묶여 있다. 즉 바울이 쓴 열세 통의 편지(로마서-빌레몬서), 히브리서 기자가 쓴 한 통의 편지, 야고보가 쓴 한 통의 편지, 베드로가 쓴 두 통의 편지(베드로전후서), 요한이 쓴 세 통의 편지(요한일이삼서), 유다가 쓴 한 통의 편지다. 그리고 같은 저자의 서신은 길이에 따라서 내림차순으로 배열되어 있다. 예를 들어, 신약 성경에서 로마서는 바울의 편지 중 가장 길기 때문에 첫 번째에 오고, 빌레몬서는 가장 짧기 때문에 바울의 마지막 편지가 되는 것이다. 네 번째 문학 양식은 예언서다. 예언서는 요한계시록 한 권이다. 이 책은 예수께서 지금 어떻게 통치하시는지, 그리고 예수께서 다시 오실 때 미래의 영광이 어떠할지에 대해 확장된 비전을 보여 준다. 두음 문자 'EMPTY'는 신약의 줄거리를 따라가고 각 권을 개별 시기에 맞춰 배치하는 데 도움을 줄 것이다.

두음 문자(CASKET EMPTY) 익히기

성경 이야기는 구약의 여섯 시대(CASKET)와 신약의 다섯 시대(EMPTY)를 통해 추적할 수 있다. 각 시대에 따라 고유 제목과 연도가 있으며, 이는 다음과 같다.

C = 창조 시대(Creation, 연도 불분명)

A = 아브라함 시대(Abraham, 주전 2100-1450년경)

S = 시내 시대(Sinai, 주전 1450-1050년경)

K = 왕정 시대(Kings, 주전 1050-586년경)

E = 포로 시대(Exile, 주전 586-539년경)

T = 성전 시대(Temple, 주전 539-430년경)

E = 대망 시대(Expectations, 주전 430-6년경)

M = 메시아 시대(Messiah, 주전 6-주후 33년)

P = 오순절 시대(Pentecost, 주후 33-65년경)

T = 가르침 시대(Teaching, 주후 33-95년경)

Y = 아직 임하지 않은 시대(Yet-to-come, 주후 95년경-그리스도의 재림)

각 표제는 특정 시기를 요약하고 있으며, 각 표제의 첫 번째 글자가 'CASKET EMPTY'라는 두음 문자를 이룬다. 되도록 빨리 표제와 두음 문자 'EMPTY'에 해당하는 각 시대의 연도를 암기한다면 신약 성경 연구에 큰 도움이 될 것이다. 이렇게 하면 성경 각 권을 정확한 시대에 배치하는 데 유용할 것이다. 또 연대표에 나와 있는, 신약의 다섯 시기를 대변하는 다섯 개의 그림을 기억하면 이야기의 줄거리를 숙달할 수 있을 것이다. 신약과 함께 보면, 'CASKET EMPTY'라는 제목은 하나님의 구속 계획을 성취하신 예수의 '빈 무덤'을 가리킨다. 이것이 성경의 이야기다. 그리고 그 중심에는 예수께서 계신다.

시작하기 전에

대화를 시작하기 위해서 성경 공부나 소그룹에 참여한 사람들에게 신약에 대한 당신의 첫인상을 나누라. 다음에서 해당하는 내용을 모두 표시하라.

● **내가 생각하는 신약 성경은**

☐ 예수의 제자들을 사실적으로 묘사한다.

☐ 내가 받아들이기 힘든 기적을 포함하고 있다.

☐ 반복이 매우 많다. 왜 복음서가 네 개나 있는가?

☐ 결국 예수와 예수의 사명을 사랑하는 것이다.

☐ 구약의 '분노하는 하나님'과 대비되는 '사랑하는 하나님'을 제시한다.

☐ 내가 그 행적의 목격자로 현장에 있는 것처럼 느껴지게 한다.

☐ 기타: _____

● **내가 가장 좋아하는 신약 이야기는**

● **신약에서 가장 이해하기 어려운 점은**

● **이 성경 공부에서 내가 원하는 것은**

☐ 신약을 더 알아 가는 것이다.

☐ 성경에 대한 질문에 해답을 얻는 것이다.

☐ 우리 교회 다른 사람들과 더 친해지는 것이다.

☐ 하나님과의 관계에서 성장하는 것이다.

☐ 새롭게 믿음을 갖게 된 사람으로서 그리스도인이 된다는 의미를 더 알아 가는 것이다.

☐ 기타: _____

1 누가복음 24장 27, 44-49절을 읽으라. 예수의 말씀은 우리가 구약(예수께서 "성경"이라고 하심)에 접근하는 방법에 대해 무엇을 가르쳐 주는가? 구약에서 예수에 관해 기록된 내용이 어느 부분에 나오는가?

2 예수께서 제자들에게 가르치신 내용은 어떻게 성경이 하나의 구속 이야기라는 점을 보여 주는가? 성경에 대한 예수의 관점에 따르려면, 우리는 어떻게 성경을 읽어야 하는가?

3 로마서 1장 1-4절을 읽으라. 하나님이 구약에서 이미 **복음**을 약속하셨다는 사실에 놀랐는가? 또 예수께서 "육신으로는 다윗의 혈통"인 하나님의 아들이시라는 점에 유의하라. 이 말씀은 구약에서 다윗 왕에게 그의 후손이 하나님의 아들이 될 것이라고 하신 약속을 상기시킨다(삼하 7:14, 시 2:7 참조). 성경은 참으로 **예수를 중심으로 한 하나님의 구속 계획 이야기**다. 이 구절에서 특히 눈에 띄거나 놀라운 점은 무엇인가?

4 고린도전서 15장 3, 4절을 읽으라. 바울은 예수와 관련하여 구약을 어떻게 이해하는가? 그는 구약의 어떤 면이 예수를 가리키는 것이라고 강조하는가?

5 바울은 무엇이 "중요한 것"(고전 15:3, 새번역)이라고 하는가? 이 구절에서 바울의 가르침은 두음 문자 'CASKET EMPTY'와 어떻게 상응하는가? 당신의 삶에서 "중요한 것"은 무엇인가?

6 신약 연구를 시작할 때 두음 문자 'EMPTY'를 그림과 함께 살펴보면 유익하다. 신약의 다섯 가지 핵심 시대를 익히는 데 다음 표가 도움이 될 것이다. 요약한 내용을 소그룹 사람들과 나눌 수 있도록 준비하라.

각 글자는 무엇을 상징하는가?	각 시대에 해당하는 그림은 무엇인가?	각 시대를 두세 문장으로 요약하라.
E		
M		
P		

T		
Y		

⊕ 「신약을 읽다」와
　함께 톺아보기

○ "들어가는 글"(15-25쪽)을 읽으라.

WEEK

2

오실 왕을 대망함

신구약 중간기에 일어났던 사건에 익숙해지는 것으로 신약 연구를 시작할 것이다. "신구약 중간기"라는 용어가 생소할 수 있는데 구약과 신약 사이의 400년을 가리키는 말로서, 말라기 이후부터 마태복음 이전까지의 기간을 말한다. 많은 사람이 이 기간을 하나님이 침묵하시거나 활동하시지 않은 때로 오해한다. 분명 이 기간에 하나님이 영감을 주셔서 성경 정경에 더하게 하신 예언자의 소리는 없었다. 하지만 하나님은 자기 백성을 애굽에서 400년간 노예로 살게 하셔서 그들을 준비시키시고 출애굽을 통해 구속하신 것처럼, 이 400년간 세상을 준비시키시고 자기 아들을 통해 구속하실 계획을 세우셨다. 이 기간 내내 하나님은 이스라엘과 열방 가운데 오실 왕에 대한 기대를 쌓으신다. 하나님의 백성은 하나님이 주신 약속이 성취되기를 기다리는데, 이 중간기에 연관된 두 가지 중요한 움직임이 생겨난다. 첫째, 세상 민족이 하나님의 백성과 더욱 대대적으로 접촉하게 되면서 성경과도 접하게 되었다. 열방이 모든 행하심에 거룩하고 의로우신, 살아 계신 하나님에게 끌린다. 둘째, 하나님의 백성은 고난을 통해 겸손해지고 시련을 통해 연단받는다. 그들은 구약 성경을 연구하고 하나님의 약속이 성취되기를 간절히 기다린다.

하나님은 선지자 다니엘에게 주신 말씀대로 이 400년의 역사를 주관하신다. 구약을 연구했다면 바벨론 왕 느부갓네살이 꾼 꿈, 즉 머리는 금, 가슴은 은, 넓적다리는 놋, 발은 철과 진흙이 섞인 신상에 관한 꿈을 기억할 것이다. 그때 사람의 손으로 다듬지 않은 돌이 조각상을 쳐서 산산조각 내고 바람에 날려 버린다. 그리고 그 돌은 큰 산처럼 솟아올라 땅을 가득 채운다. 그 당시(예수보다 500년 이상 앞선 시기), 하나님은 다니엘에게 이 환상이 지상의 네 나라, 즉 바벨론, 바사, 그리스, 로마가 연속해서 등장하는 내용으로 해석하게 하신다. 그리고 그 돌은 다른 모든 나라를 대체하고 영원히 존속할 다섯 번째 나라, 곧 **하나님 나라**를 상징한다. 나중에는 다니엘 자신도 폭풍이 몰아치는 바다에서 무시무시한 네 마리의 짐승이 등장하는 꿈을 꾼다. 이 피조물들은 그 통치 아래 있는 사람들을 공포에 떨게 만든다. 그런데 갑자기 하늘이 열리고 영광스럽고 높은 보좌에 앉으신 하나님이 나타나신다. 다섯 번째 형상인 인자(Son of Man)가 멸망하지 않는 영원한 하나님 나라를 받으심으로 짐승의 지배권은 박탈된다. 그분은 영원히 의로 다스리실 것이다. 그리고 모든 백성과 나라와 언어가 언젠가 그분을 섬기게 될 것이다. 그분은 세상에 하나님의 구원을 가져오실 것이다.

신구약 중간기가 끝나 가면서, 하나님의 백성은 역사의 다음 움직임이 하나님 나라의 도래가 될 것임을 안다. 구약 선지자들의 약속이 이루어질 것이다. 하나님 나라가 온 땅으로 확장될 것이다. 왕이신 인자가 영원히 통치할 것이다. 다윗의 자손이 자기 보좌로 회복되실 것이다. 세상 죄의 속죄가 이루어질 것이다. 새 언약이 사람의 마음에 새겨질 것이다. 성령이 온 인류에게 부어질 것이다. 아브라함의 복이 모든 민족에게 미칠 것이다. 죽은 자 가운데서 부활이 있을 것이다. 최후 심판이 있을 것이며 악은 정죄될 것이다. 하나님은 의가 머무는 새 하늘과 새 땅을 창조하실 것이다. 우리 하나님이 일하실 것을 기대할 때 이스라엘이 품었던 소망이 우리 마음에도 솟아날 것이다. 하나님은 예수 그리스도 안에서 그렇게 행하실 것이다. 이러한 대망들로 우리는 오래 기다려 온 메시아, 즉 예수의 오심을 준비한다.

1 다니엘 2장 1-18절을 읽으라. 다니엘은 다른 구약과 함께 신구약 중간기 에 읽히고 연구된 책이다. 당신 나름대로 느부갓네살이 꿈에서 본 내용 을 요약해 보라.

묵상을
위 한
질 문

2 다니엘 2장 19-43절을 읽으라. 다니엘은 느부갓네살의 꿈에 나오는 네 왕국을 어떻게 해석하는가? 어느 왕국이 다니엘의 생애에 속하고 어느 왕국이 신구약 중간기에 속하는가?

● 첫 번째 왕국(바벨론):

● 두 번째 왕국(바사):

● 세 번째 왕국(그리스):

● 네 번째 왕국(로마):

3 다니엘 2장 34, 35, 44, 45절을 읽으라. 다니엘은 다섯 번째 왕국을 어떻게 해석하는가? "돌"은 어떻게 이 세상의 왕국을 부수는가? 그리고 무엇이 되는가?

4 다니엘 2장은 신구약 중간기에 하나님 나라에 대한 기대를 어떻게 쌓고 있는가? 하나님의 백성은 무엇을 기대할 수 있는가?

5 당신이 "하나님 나라가 가까웠다"고 예수께서 선포하시는 말씀을 들었다면, 다니엘의 예언에 비추어 볼 때 그분이 어떤 일을 하시리라 기대했겠는가?

6 다니엘 7장 1-8절을 읽으라. 다니엘은 꿈에서 본 네 왕국을 어떻게 묘사하는가? 그의 환상은 느부갓네살의 꿈과 어떻게 비교되는가?

● 첫 번째 왕국(바벨론):

● 두 번째 왕국(바사):

● 세 번째 왕국(그리스):

● 네 번째 왕국(로마):

7 다니엘 7장 9-14절을 읽으라. 다니엘이 본 것을 묘사하라. 다섯 번째 왕
국에 대한 환상은 앞선 네 왕국에 대한 환상과 어떻게 다른가? 당신에게
와닿는 점은 무엇인가?

8 마가복음 14장 61, 62절을 읽으라. "당신이 메시아인가"라는 질문에 예수
께서는 다니엘 7장 13절을 인용하여 대답하신다. 예수께서는 어떻게 다
니엘의 예언을 사용하여 자신을 가리키시는가? 이 점이 예수의 정체에
대해 알려 주는 것은 무엇인가?

9 이사야 11장 1-10절을 읽으라. 이 구절을 묵상하며 어떤 나무는 그루터
기로 잘려도 결국 싹이나 가지를 내고 열매 맺는다는 점을 기억하라. 하
지만 오랜 세월이 지난 후에야 가능하다는 점도 잊지 말라. 이사야가 사
용한 이 심상은 어떤 면에서 하나님의 백성이 이새의 후손으로 오실 약
속된 왕을 오랫동안 기다려야 하는 대망 시대에 대한 유용한 묘사를 제
공하는가? 메시아, 즉 이새의 후손은 어떤 모습일 거라 생각되는가? 그분
이 오시면 세상은 어떻게 변하기 시작할 것인가?

1 대망 시대에 하나님은 어떻게 역사 가운데 적극적으로 일하셨는가? 이를 통해 우리는 하나님이 하시는 일을 완전히 이해하지 못할 때에도 하나님이 우리 삶에서 일하시는 방식에 대해 무엇을 배울 수 있는가?

2 대망 시대에 당신이 이스라엘의 상황이라고 생각해 보라. 세상 나라들이 번영하는 것처럼 보일 때 당신 기분은 어떠하겠는가? 그리고 앞으로 임할 하나님 나라에 대한 비전이 어떻게 당신에게 소망을 주겠는가?

3 예수께서는 종종 자신을 "인자"라고 하신다. 하지만 또한 인자가 온 것은 "섬김을 받으려 함이 아니라 도리어 섬기려 하고 자기 목숨을 많은 사람의 대속물로 주려 함이니라"(막 10:45)고 가르치신다. 다니엘 7장에 나오는 존귀하고 영광스러운 인자의 모습에 비추어 이 구절을 묵상하라. 무엇이 눈에 띄는가?

4 성령께 당신의 눈을 열어 충만한 영광 가운데 계신 예수를 보게 해달라고 구하라. 그분은 영원한 하나님 나라를 다스리시는 높임받는 인자이시며, 하나님의 헌신된 종으로 당신을 위해 자신의 생명을 대속물로 바치신 분이다. 하나님에게 드리는 감사 기도를 써 보라.

연대표와
지도 살피기

○ 연대표에서 "대망 시대" 부분을 살펴보라. 이스라엘이 메시아를 기대하게 만든 구약의 구체적인 약속들을 숙지하라.

○ 첫 번째 지도 "대망 시대의 세계"를 살펴보라. 그리스와 로마 제국의 경계에 주목하라.

「신약을 읽다」와
함께 톺아보기

○ 1장 "대망 시대"(27-93쪽)를 읽으라.

WEEK

3

예수 우리 메시아가 오셨다

우리는 신약을 펼치면서 성취의 분위기를 감지한다. 하나님의 구속 목적이 예수 그리스도 안에서 그 결실을 맺는다. 400년의 기다림은 마침내 끝났다. 네 편의 복음서 모두 우리 구주 예수께서 오셨다는, 생명을 주는 믿음을 공유한다. 네 명의 복음서 기자인 마태, 마가, 누가, 요한은 예수의 강림을 이스라엘의 소망으로 해석하고 그분의 사역을 온 세상의 소망으로 제시한다.

마태는 "아브라함과 다윗의 자손 예수 그리스도"(마 1:1)에 관한 감동적인 진술로 마태복음을 시작한다. 예수께서는 이스라엘의 메시아이며 약속된 다윗의 자손이시다. 그분은 모든 민족에게 복을 가져오는 아브라함의 후손이시다. 마태의 족보는 아브라함에서 다윗으로, 다윗에서 포로 시기로, 최종적으로는 포로 시기에서 메시아로 나아간다. 이 세 가지 움직임은 예수 안에서 성취되는 하나님의 주권적인 구속 계획의 핵심 전환점을 나타낸다. 마태는 예수의 탄생이 포로 시기의 끝을 알리는 신호라고 가르친다. 하나님의 영광스러운 임재가 예수 안에서 돌아왔다. 예수께서는 임마누엘로서, "하나님이 우리와 함께 계신다"는 의미다. 마태는 동방 박사들이 새롭게 태어나신 왕께 경배하기 위해 베들레헴의 별을 따라 도착했다고 기록한다. 이스라엘의 예언자들은 언젠가 모든 민족이 하나님의 영광의 빛으로 나와 그분의 길을 따라 걷는 법을 배울 것이라고 예견했다.

마가는 자신의 복음서를 이렇게 소개한다. "하나님의 아들 예수 그리스도의 복음의 시작이라"(막 1:1). 예수께서는 하나님의 아들 메시아이다. 그분 안에서 이스라엘의 소망이 성취된다. 예수께서는 하나님의 거룩한 아들로서, 당연히 왕권과 권세와 능력이 그분에게 속한다. 마가는 복음서 시작에 세례 요한의 사역을 배치한다. 그는 광야에 거하는 메시아의 사자였다. 하나님은 구약의 마지막 선지자인 말라기를 통해 "보라 내가 내 사자를 보내리니 그가 내 앞에서 길을 준비할 것"(말 3:1)이라고 약속하셨다. 하나님은 구속의 길을 선포하시는데, 거기에서 "여호와의 영광이 나타나고 모든 육체가 그것을 함께 보리라"(사 40:5)고 하신다. 하나님의 아들이신 예수 그리스도 안에서 약속된 두 번째 출애굽이 도래한 것이다. 모든 인류가 그것을 함께 볼 것이다.

누가는 "우리 중에 이루어진 사실"에 초점을 맞춘다(눅 1:1). 누가복음은 하나님이 사가랴와 엘리사벳이라는 불임인 노부부에게 아들을 주시면서 시작한다. 그 아들이 바로 세례 요한이다. 그리고 천사 가브리엘이 마리아에게 직접 메시아의 탄생을 알린다. "그 백성을 돌보사 속량하시며 우리를 위하여 구원의 뿔을 그 종 다윗의 집에 일으키셨으니"(눅 1:68, 69). 예수의 탄생은 세상에 소망을 가져온다. 천사들은 베들레헴에서 목자들에게 온 백성에게 이를 큰 기쁨의 좋은 소식을 전한다. 요셉과 마리아가 성전 마당에서 장자인 예수를 하나님에게 드릴 때, 시므온이라는 노인이 하나님의 구원을 찬양하고 예수께서는 "이방을 비추는 빛이요 주의 백성 이스라엘의 영광이니이다"(눅 2:32)라고 선포한다. 우리 구주 예수의 오심은 모두에게 좋은 소식이다.

요한은 창세기의 창조를 연상시키는 시적인 서문으로 복음서를 시작한다. "태초에 말씀이 계시니라 이 말씀이 하나님과 함께 계셨으니 이 말씀은 곧 하나님이시니라"(요 1:1). 예수는 말씀이시며, 아버지와 동등하신 분, 하나님의 거룩한 아들이시다. 그분은 창조되지 않았고 영원하며 빛으로 충만하시다. 요한의 서론은 "말씀이 육신이 되어 우리 가운데 거하시매 우리가 그의 영광을 보니 아버지의 독생자의 영광이요 은혜와 진리가 충만하더라"(요 1:14)는 선언으로 절정에 이른다. 예수는 성육신하신 하나님의 아들로서 우리 가운데 장막을 치고 거하신다. 보이지 않는 하나님이 보이게 되셨다. 그분을 영접하는 자마다 하나님의 자녀가 된다. 네 명의 복음서 기자 모두 예수가 약속된 메시아, 즉 하나님의 아들이라는 믿음을 공유한다. 그분은 이스라엘의 소망을 이루시고 세상에 구원을 가져오신다. "하나님이 세상을 이처럼 사랑하사 독생자를 주셨으니 이는 그를 믿는 자마다 멸망치 않고 영생을 얻게 하려 하심이라"(요 3:16).

📖 **성경 읽기** 📖

사무엘하 7:12-16, 이사야 40:1-5, 마태복음 1:1-2:12,
마가복음 1:1-15, 누가복음 1:1-38, 요한복음 1:1-18

---

1 마태복음 1장 1절을 읽으라. 첫 구절에서 예수는 다윗의 자손이자 아브라함의 자손인 메시아(그리스도)로 확인된다. **이 한 구절**은 어떻게 구약의 구속 이야기를 압축하는가?

2 마태복음 1장 1-25절을 읽으라. 이 구절은 예수의 족보를 열네 대씩 세 부분으로 기록한다. 마태가 왜 이 "구약 역사 강의"에서 예수의 이야기를 그토록 집요하게 찾아낸다고 생각하는가? 이 사실은 예수께서 누구인지에 대해 무엇을 말해 주는가?

3 연극에서 "주인공"(star)이 무대에 올라 실제 관객 앞에 서기 전에 조명, 음향, 다른 배우들과의 간격 등을 점검하기 위해 "대역"(stand in)을 둔다. 마태복음의 족보에 나오는 이스라엘의 모든 왕은 메시아이신 예수께서 오시기 전 어떻게 "대역"(때로는 그다지 경건하지 않았지만) 역할을 했는가? 예수가 **다른** 모든 왕과 다른 점은 무엇인가?

4 마태복음 2장 1-12절을 읽으라. 예수께서 베들레헴에서 탄생하심이 그토록 중요한 이유는 무엇인가? 당신은 베들레헴 출신인 유명한 왕을 기억하는가?(삼상 16장 참조) 동방 박사는 예수께 어떻게 반응했으며, 그들의 반응은 예수의 신분에 대해 무엇을 알려 주는가?

5 마가복음 1장 1-15절을 읽으라. 어떻게 세례 요한이 이사야 40장 1-5절에 나오는 예언의 성취인가? 요한은 어떻게 사람들이 예수를 위해 준비되도록 하는가? 이사야가 예언으로 대망한 내용에 비추어 볼 때 예수께서는 누구인가?

6 누가복음 1장 1-38절을 읽으라. 누가복음 1장 1-4절에 나오는 누가의 소개는 어떻게 예수의 삶에 역사성이 있고 진실하다는 점을 강조하는가? 당신이 복음서 기록의 신뢰성과 관련하여 씨름한 문제는 무엇이었는가?

7   하나님은 다윗 왕에게 그의 후손이 하나님의 보좌에서 영원한 나라를 다스릴 것이라고 약속하셨다(삼하 7:12-16 참조). 누가복음 1장 26-38절에서 예수는 어떤 분으로 확인되는가? 그 내용은 예수의 정체성과 사명에 대해 우리에게 무엇을 알려 주는가?

8   요한복음 1장 1-18절을 읽으라. 요한복음을 시작하는 이 말씀은 예수와 성부 하나님의 관계에 대해 무엇을 말해 주는가? 예수께서는 우리에게 성부를 어떻게 알리시는가?

하나님의
말씀을
적용하기

1   유진 피터슨(「메시지」 성경의 저자)은 네 명의 복음서 기자는 "복음 4중창단"이라고 말한다. 그러면서 네 사람 모두 예수에 관한 같은 노래를, 다른 "성부"(聲部)로 불러 화음을 맞춘다고 주장한다. 당신은 피터슨의 말에 동의하는가? 지금까지 공부한 내용을 바탕으로 각 복음서 기자의 기록에 대해 하나에서 세 개의 단어로 제목을 써 보라. 예수에 대한 어떤 묘사가 마음에 와닿는가? 그 이유는 무엇인가?

2   동방 박사는 예수를 만나 엎드려 경배했다. 당신은 예수와 맺은 관계를 어떻게 규정하겠는가? 당신은 예수께서 하나님이 높이신 왕으로 하나님

나라를 다스리신다는 사실을 깨닫고 문자 그대로 엎드려 경배한 적이 있는가?

3   복음서 기자들은 모두 구약의 소망이 예수 안에서 성취된다는 사실을 보여 주면서 시작한다. 이러한 확신은 어떻게 현재 당신에게 소망이 되는가? 당신이 아는 사람 중 이 소망의 메시지가 필요한 사람은 누구인가?

4   당신 삶에서 어떤 영역이 예수의 주권 아래로 들어가야겠는가?

🔍 **연대표와 지도 살피기**	○ 연대표에서 "메시아 시대" 부분을 살펴보라.
	○ 두 번째 지도 "예수 시대의 이스라엘"을 살펴보라.
⊕ **「신약을 읽다」와 함께 톺아보기**	○ "메시아 시대 I"(95-137쪽)을 읽으라.

WEEK

4

예수께서 하나님 나라를 선포하시다

예수께서는 "때가 찼고 하나님의 나라가 가까이 왔으니"(막 1:15)라는 감동적인 선포로 공생애를 시작하신다. 하나님 나라의 선포는 오랫동안 기다려 온 하나님의 의로운 통치가 지상에 도래했음을 나타낸다. 인류의 본래 소명은 하나님의 형상과 피조 세계에 대한 그분의 지혜로운 통치를 반영하는 것이었지만, 하나님의 본래 계획에는 이르지 못했다. 우상 숭배로 물든 삶은 하나님의 형상을 훼손하고, 인간과 하나님의 선한 피조 세계 모두를 손상시킨다. 예수께서는 하나님 나라를 선포하시면서 사람들에게 "회개하고 믿으라"고 촉구하신다. 또한 열두 제자를 부르시고 자신을 따르라고 하신다. 우리 모두에게는 죄에서 돌이켜 예수를 구주로 믿으라는 초대가 주어진다. 예수께서는 우리를 부르셔서 자신을 따르고, 제자 공동체로서 자신의 길을 배우는 데 헌신하라고 하신다.

예수께서 가르치신 중심 주제는 하나님 나라의 도래이다. 예수께서는 산상 수훈에서 자신을 따르는 모든 사람에게 하나님 나라의 복을 주신다. 그분은 하나님 나라의 삶이란 계시된 하나님의 뜻에 헌신적으로 순종하는 삶이라고 설명하신다. 성경의 의미를 풀어 주시고 제자들에게 그들이 누구인지, 어떻게 하나님 나라의 시민으로서 살아야 하는지를 가르치신다. 제자들은 세상의 소금과 빛이다. 그들은 그분의 나라를 먼저 구한다. 세속적인 성공 방법과 세상의 모범과 척도를 거부한다. 또한 그들은 예수를 진지하게 받아들인다. 다른 이들을 섬기고 자기 부인을 실천함으로써 하나님 나라의 덕성을 추구하는데, 그러면 다른 사람들이 아버지께 영광을 돌리게 된다. 예수의 설교는 좁은 문과 넓은 문, 열매 맺는 나무와 열매 맺지 못하는 나무, 지혜로운 건축자와 어리석은 건축자라는 세 가지 강력한 심상으로 끝난다. 오직 이 말씀을 듣고 실천하는 사람만 번성한다.

예수께서는 병든 자를 고치시고 귀신을 쫓아내시며 예언된 표적을 행하심으로 하나님 나라의 도래를 보여 주신다. 또한 죄인을 용서하시고 상한 자를 회복시키시며 잃어버린 자를 되찾으신다. 그분의 치유 사역은 자신이 병들고 고통받는 사람들을 위해 오셨다는 사실을 나타낸다. 예수께서는 우리의 질병을 짊어지신다. 귀신을 쫓아내심은 그분이 귀신의 압제와 죄의 거짓 약속에 시달리는 사람들을 해방하려고 오셨다는 사실을 의미한다. 예수께서는 마귀를 이기시고 포로된 자들을 해방하실 것이다. 예언된 표적을 행하심은 성취의 때가 임했음을 알려 준다. 그분은 세상에 오실 선지자다. 그분은 우리 구원을 위해 떼이실 생명의 떡이다. 그분은 우리를 위해 목숨을 버리실 선한 목자다. 그분은 길이요 진리요 생명이다. 그분을 믿는 자는 누구나 영생을 얻을 것이다.

예수께서는 비유로 하나님 나라의 도래를 나타내신다. 비유는 구약에 뿌리를 둔 예언적 표현 방식이다. 비유는 듣는 이를 이야기로 초대하고 믿음으로 반응할 것을 요구한다. 예수의 비유는 그분의 정체를 밝히고 그분의 나라가 도래했음을 알린다. 모든 비유가 끝날 때마다 우리는 항상 두 가지 질문을 던져야 한다. "이 비유에서 계시된 예수 그리스도는 누구인가?" 그리고 "예수께서는 그에 대한 반응으로 우리에게 무엇을 요구하시는가?"

복음서의 결정적인 전환점은 예수께서 제자들에게 "너희는 나를 누구라 하느냐?"(마 16:15)라고 물으시는 순간이다. 베드로가 앞으로 나가 "주는 그리스도시요 살아 계신 하나님의 아들이시니이다"(마 16:16)라고 엄숙히 고백한다. 우리 각자는 예수의 이 질문에 답해야만 한다. 만일 당신이 그리스도를 영접하는 기도를 드린 적이 없다면 지금 당장 그렇게 하기를 권한다. 베드로의 위대한 신앙 고백 후에 예수께서는 자신이 메시아 되심의 의미를 설명하신다. 그분은 제자들에게 메시아로서 "예루살렘에 올라가 장로들과 대제사장들과 서기관들에게 많은 고난을 받고 죽임을 당하고 제삼일에 살아나야 할 것"(마 16:21)을 보이기 시작하신다. 인자는 섬김을 받으러 온 것이 아니라 섬기러 왔고 우리를 위한 대속물로 자기 목숨을 바치신다. 바로 이 고대 도시 예루살렘에서 온 세상을 위한 하나님의 구속 이야기가 이루어질 것이다.

📖 **성경 읽기** 📖

신명기 18:15–18, 마태복음 5–7장, 16:13–23,
마가복음 1:14–20, 3:13–19, 누가복음 15장, 요한복음 6장

---

1 마가복음 1장 14-20절을 읽으라. 예수께서는 하나님 나라를 선포하심으로 공생애를 시작하신다. 이 말씀은 예수의 정체와 구약에 있는 하나님의 약속에 대해 뭐라고 하는가? 하나님 나라의 "입국 요건"은 무엇인가?

2 "하나님 나라가 가까이 왔으니!"라는 예수의 선포를 듣고 다음 집단은 각각 어떤 반응을 보이는가?

● 가난하고 억압받는 자들

● 로마의 군사 및 정치 지도자들

● 유대의 종교 및 정치 지도자들

이 선포는 **당신**에게 어떤 의미가 있는가?

3 마가복음 1장 16-20절과 3장 13-19절을 읽으라. 베드로, 안드레, 야고보, 요한이 고기를 잡고 있었다. 마태(레위)는 세관에서 일하고 있었다. 다른 사람들도 예수를 만난다. 사마리아 여인은 우물에서 물을 긷고 있었고, 마르다는 저녁 잔치에서 음식을 만들고 있었다. 우리는 복음서를 읽으며 그 호숫가, 세관, 우물, 잔치 자리에 우리 자신이 있다고 생각해 볼 수 있다. 예수께서 **당신을** 부르실 때 당신은 무엇을 하고 있었겠는가?

4 마태복음 5장 1-12절을 읽으라. 예수는 산상 수훈에서 하나님 나라의 삶이 어떠한지 생생하게 설명하신다. 이러한 "복"("팔복"이라고도 함) 중 어떤 복이 가장 위로되는가? 반대로 어떤 복이 가장 당혹스러운가? 또한 어떤 복이 당신에게 살아갈 힘과 결단을 주는가?

5 마태복음 5장 13절-7장 29절을 읽으라. 예수께서는 율법을 폐하러 온 것이 아니라 완전하게 하러 오셨다고 선언하신다. 예수께서는 설교에서

하나님의 백성이 **어떻게** 천국의 윤리를 살아 내야 하는지를 보여 주시려고 율법을 자세히 풀어 주신다. 예수께서는 그의 제자들이 분노, 성적 유혹, 결혼, 약속 준수, 복수, 원수를 대하는 방법과 관련하여 "하나님 나라의 삶"을 드러내는 것이 무슨 의미인지를 어떻게 묘사하시는가?

6 마태복음 16장 13-23절을 읽으라. 베드로가 예수에 대해 이해한 점은 무엇이며, 또 어떻게 알았는가? 베드로가 예수에 대해 아직 분명히 이해하지 못한 점은 무엇인가?

7 누가복음 15장을 읽으라. 예수께서는 누가복음 14장 7-35절에서 하나님 나라를 비유로 가르치기 시작하신다. 그리고 누가복음 15장에서 세 가지 비유를 더 말씀하신다. 이 비유에서 예수는 누구이신가? 세 번째 비유에서 "잃었던" 사람은 누구이며 회개는 어떤 역할을 하는가? 예수께서는 **당신이** 어떻게 반응하기를 원하시는가?

8 요한복음 6장을 읽으라. 예수께서 사람들을 먹이신 후, 요한복음 6장 14절에서 군중은 어떻게 반응하는가? 신명기 18장 15, 18절에 있는 하나님의 약속을 기억하라. 요한복음 6장 29절에서 예수께서 하신 말씀에 따르면 하나님은 우리에게 무엇을 요구하시는가? 요한복음 6장 마지막 부분에서 많은 사람이 예수를 따르지 않고 돌아간 후에도 베드로와 다른 이

들이 남은 이유는 무엇인가?

1　마태복음 16장 15, 16절을 읽으라. 만약 예수께서 당신에게 이 질문을 하신다면 **당신은** 뭐라고 답하겠는가? 당신은 그것을 어떻게 알게 되었는가?

하 나 님 의
말 씀 을
적용하기

2　마태복음 16장 13-20절을 읽으라. 이 이야기에서 베드로가 예수께서 메시아임을 고백하는 순간 "아하!" 하고 깨닫게 된다(하나님이 그에게 드러내심). 베드로가 예수를 고백함으로 어떤 놀라운 결과가 일어났는가? 하나님은 어떻게 당신을 부르시고 예수를 따르고 섬기게 하셨는가?

🔍 **연대표와**
　　지도 살피기
　○ 연대표에서 "메시아 시대" 부분을 살펴보라. 이스라엘이 메시아에게 대망하던 바를 예수가 어떻게 성취하시는지에 주목하라.

　○ 세 번째 지도 "예수의 공생애"를 살펴보라. 어디에서 예수께서 표적과 비유로 하나님 나라를 보여 주셨는지에 주목하라.

⊕ **「신약을 읽다」와**
　함께 톺아보기
　○ 3장 "메시아 시대 II"의 앞부분(139-166쪽)을 읽으라.

WEEK

5

─────

십자가에 못 박히고
부활하신 예수

복음서 기자들은 예수의 마지막 주간에 대부분의 관심을 쏟는다. 고난 주간 은 종려 주일에 예수께서 예루살렘에 극적으로 입성하시면서 시작된다. 그분 은 의도적으로 수백 년 전에 메시아가 구원을 가지고 나귀를 탄 채로 예루살 렘에 들어오실 것을 본 스가랴의 예언적 심상을 실행하신다. 수많은 순례객이 예수 입성의 의미를 인식하고 기뻐한다. 그들은 승리의 상징으로 종려나무 가 지를 흔들며 이렇게 외친다. "호산나 다윗의 자손이여 찬송하리로다 주의 이름 으로 오시는 이여 가장 높은 곳에서 호산나!"(마 21:9) 일부 종교 지도자들은 예 수께 무리를 꾸짖으라고 촉구했지만, 예수께서는 사람들이 잠자코 있으면 돌 들이 소리 지르리라 말씀하신다! 예수께서는 예루살렘에 가까이 오시더니 예 루살렘을 슬퍼하며 울기 시작하셨다. 그때가 바로 하나님이 그곳을 방문하신 순간이었다. 하지만 많은 사람은 평화를 이루기 위해 무엇이 필요한지 아직 이 해하지 못했다.

　마지막 시간이 다가오자 예수께서는 제자들을 모아 유월절을 지키신다. 음 식을 차릴 때 예수께서 제자들의 발을 씻겨 주시자 그들은 놀란다. 영광의 주, 성육신하신 하나님의 아들이 종의 모습을 취하신 것이다. 예수께서는 예전에 인자가 온 것은 섬김을 받으려 함이 아니라 도리어 섬기려 하고 자기 목숨을 많은 사람의 대속물로 주려 함이라고 말씀하신 바 있다. 예수께서는 유월절 만찬의 중심이 되는 상징을 자신에 대한 것으로 해석하신다. 그래서 제자들에게 떡을 주며 말씀하셨다. "이것은 너희를 위하여 주는 내 몸이라"(눅 22:19). 예수께서는 식사하시며 제자들에게 자신이 그들을 위해 바쳐진 유월절 양임을 가르치신다. 예수께서는 잔을 들고 "이 잔은 내 피로 세우는 새 언약이니 곧 너희를 위하여 붓는 것이라"(눅 22:20)고 선언하신다. 예레미야 선지자를 통해 주신 하나님의 약속이 성취되고 있었다. 새 언약이 세워지며, 하나님의 어린양이신 예수의 피로 용서가 가능해졌다.

그날 저녁 늦게 예수께서는 겟세마네 동산으로 가셔서 기도하기 시작하신다. 자기 앞에 놓인 구원의 사명을 바라보며 그분의 영혼은 괴로워하신다. 세상 죄에 하나님이 내리신 진노의 잔을 손에 들자 그분의 땀은 핏방울같이 떨어진다. 가룟 유다는 무장한 군중과 함께 나타나 그분에게 입을 맞춤으로 인자를 배반한다. 밤중에 예수께서는 대제사장 가야바 앞으로 끌려간다. 그분은 산헤드린 앞에서 신성 모독죄로 정죄당한다. 그들은 예수의 얼굴에 침을 뱉고 주먹으로 때린다. 아침에 예수는 로마 총독 본디오 빌라도 앞으로 끌려간다. 그분은 "유대인의 왕"이 되었다는 죄로 고발당하셨고 이는 로마 질서에 대한 위협으로 간주되었다. 빌라도는 처음에 예수를 석방하려고 시도했지만, 그의 결심은 압력에 곧 무너지고 만다. 그는 "내가 그에게서 죄를 찾지 못하였노라"(요 18:38)고 바르게 말했지만, 곧 예수를 조롱과 매질과 채찍질을 당하도록 넘겨 주었다.

로마 군인은 그분의 머리에 가시 면류관을 씌우고 조롱하듯 왕의 자주색 옷을 입혔다. 그들은 그분의 오른손에 갈대를 쥐여 주고 그분 앞에 무릎 꿇으며 "유대인의 왕이여 평안할지어다!"라고 외친다. 빌라도는 예수를 십자가에 못 박으라고 선고한다. 예수께서는 도살장으로 끌려가는 어린양처럼 성벽 밖으로 끌려 나간다. 그분의 옷은 벗겨지고, 자신이 처형당할 십자가의 가로대를 짊어지신다. 큰 쇠못들이 그분의 정중 신경을 꿰뚫었고, 세 번째 못이 발을 관통하면서 그분은 고정된 수직 대들보 위로 들어 올려진다. 빌라도는 그분의 이름과 죄를 확인하기 위해 "유대인의 왕 나사렛 예수"라는 죄 패를 붙인다. 그분은 십자가에 달리신 동안 자신이 구원하고자 했던 사람들에게 멸시와 거부와 조롱을 당하신다. 정오부터 오후 3시까지 어둠이 하늘을 가득 채웠다. 죄에 대한 하나님의 진노가 완전히 만족될 때 예수께서는 영혼의 고뇌 가운데 부르짖으신다. 죽음의 순간에 갈증을 느끼신 예수께서는 구원의 사명을 완수하시고는 "다 이루었다"(요 19:30)고 선언하신다. 예수의 시신은 십자가에서 옮겨져 갓 다듬어진 무덤에 안치된다. 거대한 돌을 굴려 입구를 막는다. 병사들은 사흘 후에 부활하리라는 그분의 말을 기억하여 무덤을 지키고 봉인한다.

안식 후 첫날 이른 새벽, 여자들이 예수의 몸에 바르려고 향품을 가지고 온다. 그들은 주의 천사가 무덤에서 돌을 굴려 낼 때 강력한 지진을 경험한다. 천사는 예수께서 죽은 자 가운데서 부활하셨다는 기쁜 소식을 전한다. "너희는 무서워하지 말라 십자가에 못 박히신 예수를 너희가 찾는 줄을 내가 아노라 그가 여기 계시지 않고 그가 말씀하시던 대로 살아나셨느니라"(마 28:5, 6). 이는 성경 이야기 전체에서 절정의 순간이다. 예수께서 부활하셨다! 이후에 그분은 모여 있는 제자들에게 나타나 **평강**을 선포하시는데, 이는 그분의 죽음만이 이룰 수 있는 것이다. 예수의 죽음과 부활은 하나님의 구속 계획에서 결정적인 사건이며, 빈 무덤 성경 연구의 지표가 되는 표상이다. 복음서 이야기는 예수께서 제자들을 보내시며 모든 민족을 제자 삼으라고 하시면서 끝난다. 그분은 제자들에게 자신의 삶과 죽음과 부활을 증언할 능력을 주시고자 성령의 임재를 약속하신다.

메시아시대

1   스가랴 9장 9, 10절을 읽으라. 그런 다음 마태복음 21장 1-11절을 읽으라. 스가랴가 예언한 대로 예수께서 예루살렘에 입성하신 모습은 그분이 왕 되심의 특성을 어떻게 묘사하는가?

묵상을 위한 질문

2   마가복음 10장 45절을 읽으라. 예수의 죽음은 어떻게 여기서 그분이 말씀하신 "대속물"로 주어졌는가?

3   예레미야 31장 31-34절을 읽으라. 그런 다음 누가복음 22장 14-20절을 읽으라. 예수께서 잔을 들고 언약의 피와 동일시함으로 제자들에게 전하시려고 한 것은 무엇인가? 예수의 죽음은 어떻게 당신의 용서를 보장하는가?

4   당신이 다락방에서 예수와 제자들과 함께 식탁에 앉아 있다고 상상해 보라. 또 예수의 말씀을 듣고 예수께서 축사하고 나누시는 빵과 포도주

를 받아먹고 마신다고 상상해 보라. 당신이 느끼고, 경험하고, 궁금해 할 내용을 써 보라.

5 이사야 53장 1-12절을 읽으라. 그런 다음 요한복음 19장 1-30절을 읽으라. 매우 감동적인 이 두 성경 구절을 읽을 때 어떤 느낌이나 감정이 생기는가?

6 마태복음 28장 1-15절을 읽으라. 예수께서는 자신이 죽을 뿐만 아니라 사흘 후에 살아날 것이라고 밝히셨다(마 16:21, 17:23 참조). 이 일의 증인들은 누구이며, 그들은 비어 있는 예수의 무덤과 예수의 나타나심에 어떻게 반응하는가?

하나님의
말 씀 을
적용하기

1 당신은 교회에서 성만찬(주의 만찬 또는 성찬이라고도 함)을 하면서 예수의 죽음을 생각할 때 어떤 생각이나 감정이 떠오르는가? 이 관행에서 당신에게 특별히 의미 있는 것은 무엇인가? 이번 주에 연구한 성경 구절은 이 성례에 참여하는 당신의 마음과 정신을 어떻게 준비시키는가?

2 마태복음 28장 16-20절을 읽으라. 오늘날 당신이 속한 지역 교회에서 개인으로든 단체로든 당신이 지상 명령에서 담당하는 역할은 무엇인가?

3 부활의 진리는 어떻게 당신이 지상 명령을 실천할 수 있도록 힘을 주는가? 그리스도는 제자를 만들고 그분이 우리에게 명하신 모든 것에 순종하도록 가르치라고 명하신다. 이 명령에 순종하기 위해 삶의 우선순위를 재조정하고 방향을 재설정하는 데 당신이 이번 주에 할 수 있는 일은 무엇인가?

4 당신은 부활의 역사성을 의심하는 지인이나 친구, 이웃과 어떻게 대화를 하겠는가? 네 편의 복음서는 어떻게 당신에게 예수의 부활에 대한 신빙성을 제공하는가? 당신이 예수께서 참으로 죽은 자 가운데서 부활하셨다는 확신을 갖게끔 해준 본문 중에서 어떤 내용을 그들에게 가르칠 수 있겠는가?

🔍 **연대표와 지도 살피기**

○ 연대표에서 "메시아 시대" 부분을 살펴보라. 예수께서 십자가를 향해 나아가실 때 일어나는 사건들에 주목하라.

○ 네 번째 지도 "예수의 십자가 여정"을 살펴보라. 번호에 따라 예수 생애의 마지막 주 동안 있었던 사건들에 주목하라.

⊕ **「신약을 읽다」와 함께 톺아보기**

○ 3장 "메시아 시대 II"의 뒷부분(166-180쪽)을 읽으라.

성령이 부어지다

예수께서는 부활하신 후, 제자들에게 성령이 임하시면 그들이 권능을 받을 것이라고 약속하신다. 성령은 하나님의 인격적인 임재로서 능력을 주신다. 성령은 창조 때도 계셨고, 후에는 광야의 성막과 예루살렘의 성전을 하나님의 영광으로 채우셨다. 에스겔 선지자는 하나님의 영이 자기 백성에게 새 생명을 불어넣으시고, 그들을 새 생명으로 일으켜 세우시며, 하나님의 길로 걷게 하시는 환상을 보았다. 구약의 선지자들은 성령이 온 인류에게 부어지는 날이 임할 것을 보았다. 이제 예수께서는 제자들에게 성령이 그들에게 권능을 주셔서 "예루살렘과 온 유대와 사마리아와 땅끝까지 이르러 내 증인이" 될 것이라고 말씀하신다. 성령께서는 우리 마음을 열어 믿게 하시고 우리 마음을 움직여 예수께 헌신적으로 봉사하도록 하신다. 성령께서는 우리가 가족, 친구, 심지어 원수들에게도 예수를 전하도록 격려하신다. 성령께서는 우리를 담대하게 하셔서 문화와 사회의 분열을 넘어 모든 사람에게 하나님의 은혜라는 좋은 소식을 전하게 하신다. 성령께서는 우리 삶에 거룩함을 향한 적극적인 열망을 일으키시고 우리가 사회에서 그리스도처럼 살아가도록 영감을 주신다. 성령은 각 사람을 영적인 은사로 채우셔서 교회 공동체 전체를 든든히 세우게 하신다.

유월절 후 50일이 되는 오순절이 되자 예수께서는 자기 이름으로 모인 모든 사람에게 성령을 부어 주신다. 하나님의 임재가 이스라엘을 애굽에서 인도한 구름 기둥과 불기둥같이, 시내산에서 불처럼 나타난 하나님의 임재와 같이 예수의 제자들 가운데 거하신다. 성령께서는 예수의 제자들에게 능력을 주셔서 오순절을 맞아 예루살렘에 모인 여러 민족의 언어로 하나님이 행하신 위대한 일들을 선포하게 하신다. 베드로는 일어나서 거기에 모인 사람들에게 설교하는데, 수백 년 전 이스라엘에게 주신 요엘의 예언에 비추어 이 중대한 사건들을 해석한다. 선지자는 말세에 하나님이 자신의 영을 온 인류에게 부어 주셔서 누구든지 주의 이름을 부르는 자는 구원을 얻을 것을 보았다. 베드로는 하나님이 예수를 높이셨고, 그분은 십자가에 못 박히셨지만 죽은 자 가운데서 부활하셔서 영원히 살아 계신다고 선포한다. 예수께서는 약속된 메시아이며 만유의 주님이다. 이제 그분은 남녀노소를 막론하고 모든 믿는 사람에게 성령을 부어 주신다. 누구든지 주 예수의 이름을 부르는 자는 구원을 얻을 것이다! 3,000명이 베드로의 말씀에 응답하여 예수를 믿고 구원을 받았다. 그들은 공개적으로 세례를 받고 예수를 자신의 주님이라고 부른다. 예수를 믿는 모든 사람은 죄 사함과 성령의 은사를 받고 성장하는 믿음의 공동체인 교회 안에서 자리를 잡는다.

　성령의 부어 주심은 높임받으신 예수의 첫 번째 행위이며, 전 세계를 향한 교회 선교의 시작이다. 사도행전의 이야기는 예수의 주 되심 아래 교회의 성장을 그린다. 누가는 첫 번째 책(누가복음)에서 예수께서 승천하실 때까지 행하시고 가르치기 **시작하신** 모든 것을 강조한다. 그리고 두 번째 책(사도행전)에서는 예수께서 높임받으신 곳인 아버지의 오른편에서 제자들을 통해 지금도 세상에서 **계속하시는** 모든 일을 제시한다. 세계로 확장되는 기독교 선교는 예수의 강력하고 지혜로우며 주권적인 손길의 인도를 받는다. 성령께서는 그리스도인의 삶과 선교와 증거에 능력을 주신다. 예수께서는 공생애 기간 내내 하나님 나라의 도래를 선포하셨다. 예수께서는 십자가에서 속죄의 죽음을 통해 하나님 나라의 일원이 된 모든 민족의 남자, 여자, 어린아이의 생명을 구속하신다. 이제 예수께서는 성령의 능력을 받은 제자들을 통해 적극적으로 그들을 추구하신다. 예수를 믿는 모든 사람은 하나님의 임재로 충만한 지역 교회 공동체에 모인다. 그들은 그리스도의 몸, 그리스도의 신부, 교회, 이 세상에서 하나님이 새롭게 하신 인류의 시작이다.

📖 **성경 읽기** 📖
요엘 2:28–32, 누가복음 24:44–53,
사도행전 1:1–14, 2:1–47

묵상을 위한 질문

1 누가복음 24장 44-53절을 읽으라. 부활하신 그리스도께서 자신을 설명하신 내용에 근거할 때 복음 메시지의 중심 교리는 무엇인가? 예수께서는 자신이 승천한 후에 제자들에게 무슨 일이 일어날 것이라고 말씀하시는가?

2 사도행전 1장 1-14절을 읽으라. 제자들은 예수의 승천 이후 사도행전 1장 8절에서 예수께서 주신 약속에 근거하여 어떤 경험을 하리라 기대했겠는가? 예수께서는 어떻게 세상에서 계속 일하실 것인가? 예수께서 계속해서 하시는 일은 어떻게 중개되는가?

3   사도행전 2장 1-4절을 읽으라. 성령 강림을 묘사하는 방법에서 어떤 점이 눈에 띄는가? 예루살렘에 모인 자들이 경험한 소리와 감정과 광경은 무엇인가?

4   사도행전 2장 5-13절을 읽으라. 우리는 오순절 이후에 일어난 사건들에 대해 사람들이 의문을 품으면서도 놀라워하는 반응을 본다. 성령을 통해 선포된 말씀을 들은 사람들이 매우 다양한 인종으로 구성되었다는 사실은 하나님의 구속 계획에 대해 무엇을 말하는가? 오순절 사건은 어떻게 당시 형성 중인 다민족 교회를 내다보는가?

5   요엘 2장 28-32절을 읽으라. 그런 다음 사도행전 2장 14-36절을 읽으라. 베드로가 요엘 선지자의 말을 인용한 이유는 무엇인가? 그리고 그것은 우리가 이 "말세"에 성령의 의의를 이해하는 데 어떤 도움이 되는가? 베드로는 그의 설교에서 구약의 다른 구절들을 어떻게 엮어 넣었으며, 왜 인용했는가?(시 16:8-11, 110:1 참조)

6   요엘 선지자는 성령의 부어지심으로 주님의 이름(여호와)을 불러 구원을 얻는 자들이 나타날 것이라고 예언했다. 이 약속은 어떻게 성취되고 있는가? 그리고 어떻게 **예수의 이름**으로 주어지는 구원과 연결되는가?

7 사도행전 2장 37-47절을 읽으라. 듣고 있던 이들은 메시지에 어떻게 반응하는가? 예수를 따르는 이 첫 번째 공동체만의 독특한 관행과 습관과 태도는 무엇인가? 이 구절에서 당신이 속한 회중의 모습이 나타난다고 생각하는가? 당신의 교회는 정기적으로 이러한 관행과 습관에 참여하고 그러한 태도를 유지하고 있는가?

하나님의 말씀을 적용하기

1 당신과 인종이 다른 기독교인 친구가 있는가? 오순절 이야기는 그러한 친구를 포용하고 그들을 다민족인 하나님 나라의 일원으로 소중히 여기는 데 어떤 도움이 되는가?

2 사도행전 1장 8절을 읽으라. 당신에게 그리스도의 "증인"이 된다는 것은 어떤 의미인가?

3 사도행전 2장 41-47절을 읽으라. 이 구절에서 초대 교회가 보여 준 관행, 습관 또는 태도 중 개인적으로 가장 도전이 된 것은 무엇인가? 당신이 교회 및 일상생활에서 이러한 성령의 능력을 받은 성경적 공동체의 모습을 실천하기 위해 성장해야 할 지점은 어디인가?

4   성령께서는 믿는 이들을 충만하게 하시고 그들에게 능력을 주심으로 말미암아, 하나님을 향한 우리 태도와 순종을 어떻게 근본적으로 변화시키는가? 성령은 당신에게 어떤 새로운 소망을 주셨는가? 성령은 당신에게 어떤 은사를 주셔서 다른 사람을 세우는 데 사용하도록 하셨는가?

🔍 **연대표와 지도 살피기**

○ 연대표에서 "오순절 시대" 부분을 살펴보라. "오순절 시대"에 있는 구름 그림과 구약 연대표에 있는 구름 그림 사이의 관련성에 주목하라.

○ 다섯 번째 지도 "확장되는 오순절의 증인"을 살펴보라. 지도에서 사도행전 2장 9-11절에 나오는 도시와 지역을 찾으라.

⊕ **「신약을 읽다」와 함께 톺아보기**

○ 4장 "오순절 시대 I"의 앞부분(181-194쪽)을 읽으라.

7

선교에 힘을 주시는 성령

아버지께서 아들을 세상에 보내신 것처럼 예수께서도 제자들을 세상에 보내신다. 능력을 주시는 성령의 임재는 기독교 선교를 온 땅에 고취한다. 어떤 집단과 민족 공동체에 속하든, 어떤 사회적 경제적 지위에 있든 우리 구주 예수 그리스도의 사랑의 손길이 닿지 않는 사람은 없다. 사도행전의 줄거리는 그리스도의 증인들이 어떻게 계속 확장되어 나아가는지를 보여 준다. 성령께서는 신자들에게 자신과 가까운 사람들이 그리스도를 알게 해야 한다는 영적인 부담을 주신다. 심지어 이전에 무시하거나 멸시했던 사람들과 화해하고자 하는 열망을 일으키신다. 성령께서는 예수 그리스도에 관하여 들을 기회가 전혀 없던 사람들에게 깊은 관심을 품게 하신다. "말세"가 임했고 예수의 이름으로 모든 사람에게 구원이 선포된다.

우리는 사도행전에서 이렇게 확장되는 성령의 움직임을 본다. 예수는 예루살렘에서 시작하여 성령의 능력을 받은 제자들을 통해 하나님 나라를 확장하신다(행 1-7장). 그런 다음 기독교 선교는 유대와 사마리아에 이르고(행 8-12장), 마침내 거대한 문화적 차이를 넘어 땅끝까지 확장된다(행 13-28장). 예수께서는 신자들에게 능력을 주시는데, 그들은 예수 안에서 새 생명을 받는다. 그리고 그분의 몸을 구성하는 각 지체는 해야 할 역할이 있다. 어떤 사람은 기도하도록 부름받았고, 어떤 사람은 설교하도록 부름받았다. 또 어떤 사람은 섬기도록 인도받고 또 어떤 사람은 파송하도록 인도받는다. 또 어떤 사람은 재정적으로 지원하는 반면, 어떤 사람은 복음을 위해 자신의 생명을 바친다. 그리스도의 복음은 모든 상황에서, 모든 삶을 통해 도움이 필요한 세상으로 뻗어 간다.

초기 기독교 선교는 설교, 치유, 과부와 가난한 자들을 자애롭게 돌봄으로 성장했다. 수많은 사람이 예루살렘과 그 너머에서 믿었다. 예수께서는 제자들의 열심을 깊게 하고 그들의 헌신을 정제하기 위해 고난을 사용하신다. 그리스도인의 고난은 고난받으신 우리 메시아를 전한다. 그분은 그들의 결의를 굳게 하시고 그들의 증언이 진실임을 입증하시려고 문화적 박해를 사용하신다. 신실한 사역에는 언제나 희생이 따른다. 가지치기를 해야 더 큰 열매가 열리는 법이다. 베드로와 요한은 체포되었지만, 예루살렘의 고위 관리들에게 예수를 전할 수 있었다. 첫 번째 순교자 스데반은 예수를 메시아로 선포하고 신성을 모독했다는 죄목으로 돌에 맞아 죽는다. 하지만 그의 죽음은 예수의 죽음처럼 하나님 나라를 성장시키고 다른 사람들의 증언을 고무한다. 예수께서는 제자들을 사마리아로 보내시고 오랜 원수들을 화해시켜 그리스도 안에서 형제자매가 되게 하셨다. 그분은 왕궁에서 일하는 에디오피아 고위 관리를 개종시키기 위해 아프리카로 나아가신다. 또 고넬료라는 로마 군인을 부르시는데, 그와 온 가족은 갈릴리에서 온 어부 베드로에게 예수의 이야기를 듣는다.

예수께는 오랜 원수들을 화해시키실 뿐만 아니라 가장 폭력적인 적대자를 헌신적인 종으로 변화시키실 수 있는 권능이 있다. 예수께서는 다메섹 도상에서 영광 중에 나타나셔서, 교회를 열렬히 박해하던 바울을 이방의 사도로 바꾸신다. 그리스도의 은혜로우시고, 구속하시고, 변화시키시는 품 밖에 있는 사람은 아무도 없다. 사람들은 자기 의를 포기하고 그리스도의 의를 받아들인다. 문화적 자부심은 교회에 대한 사랑으로 압도당한다. 예수께서는 바울을 부르셔서 그의 이름을 이방에 알리게 하신다. 세계를 향한 교회의 사명이 모든 민족과 나라를 향해 뻗어 나가면서, 다양한 민족과 배경을 지닌 사람들로 구성된 지체들이 연합함으로 분열된 세상이 치유된다. 누구든지 회개하고 믿으면 그리스도의 십자가로 용서받는다. 그들이 공유한 정체성 때문에 주변 사회는 그들을 새로운 이름으로 부르게 된다. 세상은 의아해하며 처음으로 그분의 제자들을 **크리스티아노이**("그리스도-인")라고 부른다.

안디옥에서 성장하는 교회가 예배하기 위해 모였을 때 성령이 말씀하신다. "내가 불러 시키는 일을 위하여 바나바와 사울을 따로 세우라"(행 13:2). 그들의 일은 이방으로 복음을 확장하면서 지역 교회를 세워 믿는 자들이 삶의 모든 면에서 예수를 따르도록 가르치는 것이다. 사도행전의 이야기는 점차 확장되는 선교 여행을 통해 이 일을 설명하는데, 선교 여행은 상당 기간 지역 교회를 개척하고 제자 훈련하는 일을 포함한다. 당신이 다음과 같이 진실로 함께 기도드리며 지도에서 이 여정을 되짚어 보기를 권한다. "성령께서 내게 하라고 명하시는 일은 무엇인가?"

1차 전도 여행에서 바울은 안디옥에서 출항하여 바나바의 고향인 구브로 섬에 도착한다. 선교 팀은 살라미에 있는 회당에서 그리스도를 선포하고 섬을 가로질러 바보까지 간다. 그곳에서 성령은 로마 총독인 서기오 바울의 눈을 열어 그리스도를 믿게 하신다. 이는 그리스도가 자신을 섬기는 데 헌신한 사람들을 통해 성취하실 모든 일의 놀라운 시작이다. 바울과 바나바와 마가는 소아시아 해안을 향해 북쪽으로 항해한다. 그들이 해안에 접근해 보니 타우루스 산맥의 우뚝 솟은 봉우리들이 그들 앞에 있었다. 갈라디아의 광활한 내륙 지방이 저 멀리 지평선에 놓여 있었는데, 그곳은 복음이 전혀 전해지지 않은 곳이었다. 성령께서는 바울에게 감동을 주셔서 산을 넘어 열흘 만에 비시디아 안디옥에 이르게 하신다. 우리는 사도행전 13장 16-41절에서 처음으로 바울의 설교를 듣게 된다. 그의 설교는 이제 역사를 관통하는 하나님의 구속 계획이 메시아 예수 안에서 결정적인 순간에 이르렀다고 선포한다. 빈 무덤 성경 연구에 등장하는 핵심 개념의 많은 부분을 여기에서 확인할 수 있다. 그들의 선교

7주
선교에 힘을 주시는 성령

여행은 동쪽으로 이고니온, 루스드라, 더베의 도시로 계속 이어진다. 그리고 그곳에서 많은 이스라엘인, 하나님을 경외하는 사람들, 다양한 민족이 예수 그리스도를 믿게 된다. 그들은 주님이 이방에게도 믿음의 문을 여셨다는 기쁜 소식을 가지고 안디옥으로 돌아온다.

📖 **성경 읽기** 📖

사도행전 4:1–12, 7:54–8:4, 8:25–40,
9:1–31, 10:34–48, 13:1–52, 15:1–35

묵상을 위한 질문

1 사도행전 4장 1-12절을 읽으라. 유대 지도자들이 예수를 따르는 자들을 박해하는 일이 어떻게 예수의 부활과 좋은 소식을 나눌 수 있는 기회를 낳게 되는가?

2 사도행전 7장 54절-8장 4절을 읽으라. 스데반은 설교를 마치고 자신의 메시지를 거부하는 사람들의 돌에 맞아 죽었다(사울이 거기 있었다는 사실도 주목하라). 하나님은 어떻게 고난을 사용하셔서 선교 목적을 이루시는가? 복음의 메시지는 어떻게 확장되고 있는가?

3 사도행전 9장 1-31절을 읽으라. (히브리 이름 '사울'로도 알려진) 바울은 어떻

게 교회의 박해자에서 복음 선포자가 되었는가? 바울의 회심에서 중요한 순간은 언제이며, 바울이 이렇게 변화하는 데 중요한 역할을 한 사람은 누구인가?

4 사도행전 10장 34-48절을 읽으라. 복음이 모든 민족에게 확장되는 데 이 이야기가 왜 그렇게 중요한가? 이 사건들은 오순절에 일어났던 일과 어떤 관련이 있는가?

5 사도행전 13장 1-3절을 읽으라. 이는 교회가 의도적으로, 그리고 전략적으로 선교사를 세상에 보내 복음을 전하도록 하는 첫 번째 사례. 안디옥 교회는 그들을 선발하여 파송하기 위해 어떤 단계를 밟았는가?

6 사도행전 13장 4-52절을 읽으라. 바울이 설교에서 예수께서 메시아이고 구원은 오직 그분에게만 있음을 보여 주기 위해 구약의 주요 사건과 구절을 자세히 설명하고 있다는 사실에 주목하라. 사람들은 하나님 말씀에 어떻게 반응하는가? 이 이야기에서 바울과 바나바가 이방인("열방"에 해당하는 용어)에게 복음을 선포하도록 추진하는 사건은 무엇인가?

7 사도행전 15장 1-35절을 읽으라. 안디옥 교회의 지도자들이 말하는 핵심 문제는 무엇인가? 이방인들은 어떻게 교회에 편입되고 있는가? 각 집단은 그리스도의 몸을 든든히 세우기 위해 어느 지점에서 자기 부인을 실천하고 있는가?

하나님의
말 씀 을
적 용 하 기

1 사도행전 4장 1-12절을 읽으라. 아마도 당신이 평생 직면하게 될 저항이나 박해는, 베드로와 요한이 직면한 더욱 공개적이고 가혹하며 적대적인 박해보다는 덜할 것이다. 그럼에도 그러한 상황은 복음을 나누는 효과적인 요인이 될 수 있다. 복음에 저항하는 사람, 심지어 적대적인 사람과 함께 있을 때 어떻게 말과 행동으로 그리스도의 증인이 될 수 있는가? 성령이 당신의 믿음을 더 공개적으로, 그리고 당신을 우리 주 예수 그리스도의 복음에 더 신실한 증인이 되도록 인도하실 구체적인 방법을 몇 가지 써 보라.

2 당신은 믿음 때문에 박해받은 적이 있는가? 박해는 어떻게 당신이 믿는 바를 더 강하게 했는가? 박해 때문에 주님에 대한 신앙과 신뢰가 더 강해졌는가?

3   당신의 민족은 어떻게 처음으로 복음을 듣고, 예수를 따르는 사람들을 만나고, 기독교 신앙에 영향을 받았는가? 당신이 가족을 통해 믿게 되었다면, 이전 세대는 어떻게 처음 복음을 듣고 믿게 되었는가? 당신 자신의 이야기는 선교와 전도에 대한 당신 생각에 어떤 영향을 끼치는가?

4   사도행전 9장 10-19절에 나오는 바울의 이야기와 그의 극적인 변화에서 아나니아가 감당한 역할을 생각해 보자. 아나니아의 느낌과 행동은 어떠했는가? 아나니아에게 특별한 은사나 지위가 있었는가? 아나니아의 순종, 용기, 행동, 바울에게 한 말은 어떤 단어로 설명할 수 있겠는가? 잠시 기도하면서 하나님에게 바울과 같은 사람을 당신에게 보내 주셔서 그들을 위해 기도할 수 있게 해달라고 구하라.

5   선교에 대해 생각할 때, 당신은 그곳으로 가도록 혹은 그곳에 사람을 보내도록 부름받았다고 느끼는가? 아니면 설교하도록, 혹은 기도하도록 부름받았다고 느끼는가? 당신의 자원을 줄 것인가, 아니면 당신의 생명을 줄 것인가? 이번 주에 기도할 때는 의도적으로 이러한 내용을 두고 기도하는 시간을 가져 보라. 하나님은 당신이 어떻게 선교에 초점을 둔 삶을 살도록 부르시는가?

🔍 **연대표와 지도 살피기**

○ 연대표에서 "오순절 시대" 부분을 살펴보라.

○ 다섯 번째 지도 "확장되는 오순절의 증인"을 살펴보라. 복음이 예루살렘에서 유대와 사마리아로 확장됨에 따라 복음 선포가 끼치는 파급 효과에 주목하라. 오순절 이후 그 지역에 영향을 끼치는 전도의 충격파를 시각적으로 볼 수 있다.

⊕ **「신약을 읽다」와 함께 톺아보기**

○ 4장 "오순절 시대 I"의 뒷부분(194-221쪽)을 읽으라.

WEEK

8

_____

예수의 좋은 소식이
온 땅에 전파되다

오순절 시대

예수의 삶과 죽음과 부활이라는 좋은 소식은 반드시 온 땅에 전파되어야 한다. 우리의 신성한 책임은 인류의 원래 소명을 상기시키고, "물이 바다를 덮음 같이 여호와의 영광을 인정하는 것이 세상에 가득함"(합 2:14)이라는 예언적 환상을 예기한다. 바울의 2차 선교 여행으로 지리, 인종의 경계를 넘어선 교회의 확장이 계속되고, 그렇게 유럽에도 복음이 선포된다. 성령께서는 새로 세워진 교회를 든든히 하신 후에 바울과 그의 동료들을 고대 트로이 인근인 드로아로 인도하신다. 밤중에 바울은 마게도냐에서 온 한 사람이 그에게 "마게도냐로 건너와서 우리를 도우라"(행 16:9)고 권하는 환상을 본다. 그리스도 밖에 있는 모든 사람은 예수의 좋은 소식이 절실히 필요하다. 누가는 "우리가 곧 마게도냐로 떠나기를 힘쓰니 이는 하나님이 저 사람들에게 복음을 전하라고 우리를 부르신 줄로 인정함이러라"(행 16:10)고 기록한다. 누가는 이제 선교 팀에 합류하여("우리가 …… 떠나기를 힘쓰니") 목격자의 관점에서 이후의 내용을 전한다. 그들은 유럽을 건너 빌립보로 간다. 주님은 루디아라 하는 부유한 상인, 귀신 들린 점치는 여종, 선교사들을 폭력적으로 탄압한 로마 간수 등 여러 사람의 마음을 여신다. 이것이 유럽 교회의 놀라운 시작이다.

선교 팀은 그리스 북부를 가로질러 서쪽으로 계속 이동하여 데살로니가에 도착한다. 그곳에서 유대인, 하나님을 두려워하는 그리스인, 저명한 여성들을 포함하여 많은 사람이 그리스도를 믿는다. 바울은 베뢰아를 잠시 방문한 후 고대 세계의 지적 중심지인 아테네로 이동한다. 그는 장터에서 철학자들과 상인들, 회당에서는 현자 및 학자들과 논한다. 그리고 마지막으로 아레오바고("마르스 언덕"[Mars Hill])로 이동해 자신이 가르친 내용을 변론한다. 바로 뒤에는 파르테논 신전이 우뚝 솟아 있었지만, 바울은 아테네 사람들이 아직 알지 못하는 하나님을 선포한다. 그분은 세상과 모든 인류의 창조주시다. 그분은 천지의 주재시다. 그분은 사람의 손으로 지은 전에 계시지 않는다. 그분은 한 사람으로부터 모든 민족을 지으시고, 그들의 연대를 정하시며, 거주의 경계를 한정하시며, 모든 사람이 자기를 찾게 하신다. 그분은 이제 모든 곳의 모든 사람을 부르셔서 우상 숭배를 회개토록 하시고, 죽은 자 가운데서 살리신 그리스도를 믿게 하신다. 주님은 은혜로 여러 사람의 마음을 여신다. 그중에는 아레오바고 관리인 디오누시오와 다마리라는 여자, 그리고 또 다른 사람들이 있었다. 바울은 아직 복음이 전해지지 않은 고린도를 향해 남쪽으로 이동한다. 그곳은 상업, 퇴폐, 부도덕으로 유명한 도시다. 바울에게 그곳은 집에서 멀리 떨어진 곳으로, 지금까지 여행한 곳 중 가장 먼 곳이었다. 벅차 보였지만 주님은 브리스길라와 아굴라를 동역자로 준비하셔서 바울을 강하게 하셨고, 곧 회당장의 마음을 열어 믿게 하신다. 바울은 18개월 동안 고린도에 머물렀고, 많은 그리스인과 로마인과 유대인이 그리스도를 믿고 그의 길을 함께 걷기 시작했다. 바울은 예루살렘 교회를 방문한 후 안디옥으로 돌아와 그리스도께서 열방 가운데서 행하시는 모든 일로 교회를 격려한다.

바울의 3차 전도 여행은 다시 안디옥에서 시작한다. 바울은 전략 도시인 에베소에서 교회를 굳건히 하고 새로운 사역을 시작한다. 바울은 3년 동안 거기에 머물면서 다른 사람들을 통해 전 지역에 복음을 전하는 복음 운동을 확립한다. 격렬한 문화적 반대와 박해에도 다양한 민족 출신의 많은 사람이 우상 숭배에서 돌이켜 그리스도를 믿는다. 그들은 주술을 버리고 하나님의 말씀과 사랑에 빠진다. 그들은 도시 시민으로서의 교만을 버리고 영원한 하나님 나라의 영광을 받아들인다. 예수께서는 용서받은 죄인으로 이루어진 거룩한 공동체인 지역 교회의 삶에서 자신의 의를 드러내신다. 바울은 에베소에서 3년을 보낸 후 빌립보와 마게도냐에 있는 교회들을 방문한다. 그는 마침내 고린도에 도착하여 "땅끝"까지 그리스도의 복음을 전파하기 위해 3개월간 준비한다. 그는 오늘날 우리가 스페인으로 알고 있는 **히스파니아** 속주인 지중해 서쪽 가장자리까지 복음을 확장하기 위해 지원을 받으려는 희망으로 로마를 방문할 계획을 세운다. 바울은 그들의 기도와 선물과 동역이 필요했다. 또한 그들이 유대인과 이방인이 믿음으로 의롭다 하심을 받는다는 복음, 그리스도 안에서 하나가 된다는 교회의 비전에 대해 자신이 제시하는 내용을 이해시켜야 했다. 그래서 바울은 오늘날 우리가 로마서로 알고 있는 가장 긴 편지를 통해 자신과 사역을 소개한다.

사도행전에서 바울의 마지막 선교 여행은 우선 그를 예루살렘으로 데려다 놓는다. 바울은 예루살렘 교회 지도자들의 따뜻한 환대를 받지만, 이방인들과 함께 성소를 더럽혔다는 누명을 쓰고 성전에서 체포된다. 그는 구금되어 가이사라에서 2년 동안 가택 연금 상태로 왕들과 총독들 앞에서 그리스도를 전하게 된다. 그는 결국 네로 황제에게 자신의 사건을 상소하고 쇠사슬에 묶인 채로 위험한 로마행 여정을 완수한다. 그는 먼저 그 도시의 유대인 공동체를 찾았고, "이스라엘의 소망으로 말미암아 내가 이 쇠사슬에 매인 바 되었노라"(행 28:20)고 선포한다. 바울은 아침부터 저녁까지 그들에게 성경을 강론하며 예수에 관해 설득하고자 한다. 어떤 이는 믿었고 어떤 이는 거부한다. 그런 다음 그는 열방으로 관심을 돌린다. 사도행전 이야기는 바울이 로마에 2년 동안 머물며 "자기에게 오는 사람을 다 영접하고 하나님의 나라를 전파하며 주 예수 그리스도에 관한 모든 것을 담대하게 거침없이 가르치더라"(행 28: 30, 31) 하며 희망적인 결론으로 인도한다.

1 사도행전 16장 14-21절을 읽으라. 이 이야기는 유럽의 첫 개종자들을 기록하고 있다. 사람들이 예수를 믿게 되는 다양한 방법은 무엇인가? 이는 믿으려고 하는 모든 사람에게 복음이 열려 있다는 사실을 어떻게 상기시키는가?

2 사도행전 17장 16-34절을 읽으라. 아테네에서 바울이 택한 전략은 영적인 갈망은 있지만 아직 예수를 모르는 사람들에게 복음을 전하는 방식의 모범이다. 바울이 소통하는 방법의 모든 측면을 추적하라.

● 우상이 많다는 점이 아테네 사람들의 영적 갈망에 대해 전하는 바는 무엇인가?(16절)

● 바울은 청중을 판단하지 않고 어떻게 청중과 연결점을 찾는가?(22, 23절)

● 바울은 자신의 제안을 뒷받침하기 위해 어떻게 그리스의 시를 사용하는가?(27-29절)

● 바울은 어떻게 청중에게 믿음의 헌신을 요구하는가?(30, 31절)

● 청중의 반응은 어떠한가?(32-34절)

3 사도행전 20장 17-27절을 읽으라. 바울은 에베소 교회의 장로들에게 자신의 삶과 사역을 요약하여 말한다. 그의 말은 어떻게 희생하신 예수의 삶을 생각나게 하는가? 주님을 향한 그의 헌신은 어떻게 당신이 전심으로 주님을 섬기도록 격려해 줄 것인가?

오순절 시대

4 사도행전 26장 1-23절을 읽으라. 아그립바와 버니게 앞에서 나눈 바울의 간증을 읽으라. 예수를 만난 후 바울에게 삶의 중심은 무엇이었는가? 바울의 삶에 근거하여 예수를 따르는 것이 무슨 의미인지 설명하라.

5 바울의 회심을 살펴보며 예수를 만나기 **전** 그의 삶과 예수를 만난 **후** 그의 삶을 비교하라. 이는 어떻게 변화된 삶에 대한 강력한 증거가 되는가? 당신에게 특히 와닿는 점은 무엇인가? 이 점은 당신이 다른 사람들에게 복음을 나눌 때 어떻게 격려가 되겠는가?

6 사도행전 28장 23-30절을 읽으라. 사도행전은 로마에 죄수로 갇힌 바울의 모습으로 끝난다. 쇠사슬에 매여 있음에도, 바울이 가르친 핵심은 무엇인가?(23, 31절) 이 사실은 당신의 우선순위를 어떻게 재조정하게 하는가?

1 아레오바고에서 전한 바울의 메시지를 읽은 후 당신의 이웃을 생각해 보라. 당신이 생각할 때 이웃이 영적 갈망을 드러내는 것으로는 무엇이 있는가? 이웃에게 판단받는다는 느낌을 주지 않으면서도 그들과 연결되는 방법은 무엇인가? 당신이 복음을 전할 때, 그들이 마음을 열도록 돕는 당신의 개인적인 이야기는 무엇인가?

2 사도행전 26장 1-23절에서 바울이 한 것처럼 개인적인 이야기를 나눌 때 사람들은 마음을 열어 복음을 듣고 반응한다. 지금 시간을 내어 **당신의** 이야기에서 다음 네 가지 요소를 작성하라.

가. 나는 그리스도인이 되기 전에 ……을(를) 생각하고, ……을(를) 행하고, ……을(를) 열망했다(한 가지 이상을 선택할 것).

나. 하지만 그때 무슨 일이 생겼다(당신이 경험했던 위기, 당신이 직면했던 도전과 문제, 당신의 생각을 바꾼 그리스도에 대한 새로운 관점 등).

다. 그리고 나는 예수를 믿었다(당신이 그렇게 된 방법과 시기를 설명하라).

라. 그리스도인이 된 후, 내 안에 달라진 한 가지는 ……이다.

3　이사야 2장 1-4절을 읽으라. 열방이 주님을 알게 되는 예언적 장면을 통해 당신의 마음을 찬양으로 가득 채우라. 그리고 기도문을 작성해 보라. 자신을 구원하신 하나님에게 감사하라. 아직 예수를 믿지 않는 가까운 사람들을 위해 기도하라. 세상에서 당신을 주님의 증인으로 사용해 달라고 주님에게 요청하라.

🔍 **연대표와 지도 살피기**	○ 연대표에서 "오순절 시대" 부분을 살펴보라. 특별히 바울의 선교 여행과 관련된 부분에 주목하라.
	○ 여섯 번째 지도 "바울의 선교 여행"을 살펴보라. 세 번의 전도 여행과 로마 여행의 경로를 추적하라. 바울과 그의 동료들이 교회를 세웠다고 언급되는 도시들에 유의하라.
⊕ **「신약을 읽다」와 함께 톺아보기**	○ 5장 "오순절 시대 II"(223-264쪽)를 읽으라.

9

그리스도 안에서 새로운 생명을
찾는 새로운 공동체

그리스도인들이 다른 사람들과 복음을 나누면서 믿는 자들이 새로운 교회 공동체로 모인다. 신약의 편지들은 이 공동체에게 그리스도인들이 무엇을 믿는지, 그리고 예수를 따르는 자들로서 어떻게 살아야 하는지를 가르친다. 신약 스물일곱 권 중 스물한 권은 야고보, 바울, 베드로, 요한과 같은 초기 기독교 지도자들이 쓴 편지다. 이 편지를 서신서(epistles)라고도 하는데, 단순히 "편지"를 의미하는 그리스어다. 우리는 3주에 걸쳐 각각 일곱 편지씩 살펴볼 것이다. 이번 주에는 새로운 공동체가 그리스도 안에서 새로운 생명을 찾는다는 중요한 주제에 초점을 맞출 것이다.

신약 최초의 편지는 예수의 친형제인 야고보가 썼다. 야고보는 예수의 부활 후에 예수를 믿게 되었고 예루살렘에서 교회의 지도자가 되었다. 그의 편지는 예수의 산상 수훈에 대한 암시로 가득하다. 야고보는 신자들에게 "말씀을 행하는 자가 되고 듣기만 하여 자신을 속이는 자가 되지 말라"(약 1:22)고 촉구한다. 그리스도 안에서 새 생명은 취약한 자들과 과부와 고아를 돌보고, 세상과 벗 되기를 피하는 모습으로 드러난다. 우리는 살아가는 방식과 서로를 사랑하는 방식에서 하나님의 성품을 드러낸다.

이제 우리는 바울의 가장 초기 편지들을 살펴보겠다. 바울은 **1차** 전도 여행 중에 **한 통**의 편지를 쓴다. 바울은 갈라디아서에서 새 생명을 창조하는 복음의 능력을 강조한다. 바울은 "내가 그리스도와 함께 십자가에 못 박혔나니 그런즉 이제는 내가 사는 것이 아니요 오직 내 안에 그리스도께서 사시는 것이라 이제 내가 육체 가운데 사는 것은 나를 사랑하사 나를 위하여 자기 자신을 버리신 하나님의 아들을 믿는 믿음 안에서 사는 것이라"(갈 2:20)라고 쓴다. 신자들은 그리스도를 믿음으로 의롭게 된다. 그들은 하나님의 가족으로 입양되며 성령으로 채워진다. 성령의 열매는 모든 믿는 자에게 새 생명을 만들어 낸다. 하나님의 새로운 창조가 참으로 시작된 것이다.

바울은 **2차** 전도 여행 중에 **두 통**의 편지를 쓴다. 데살로니가전후서는 그리스도 안에 있는 새 생명을 믿음, 사랑, 소망으로 묘사한다. 예수를 믿음으로 용서한다. 사랑은 행동하는 믿음이며, 소망은 그리스도의 영광스러운 재림을 기대하게 한다. 바울은 신자들이 살아 계신 참 하나님을 섬기기 위해 어떻게 우상에서 돌이켰는지를 회상한다. 신자들은 새로운 삶을 살며 "너희를 부르사 자기 나라와 영광에 이르게 하시는 하나님께 합당히 행하"(살전 2:12)라는 권고를 받는다.

바울은 **3차** 전도 여행에서 **세 통**의 편지(고린도전후서와 로마서)를 쓴다. 고린도전후서는 고린도 교회가 그리스도 안의 새 생명에 관해 묻는 절박한 질문을 다룬다. 그리스도를 믿음은 결혼과 성생활에 어떤 영향을 끼치는가? 그리스도 안에 있는 새 생명은 어느 지점에서는 문화에 참여하게 하고 어느 지점에서는 문화를 거부하거나 변형하게 하는가? 성찬식의 의미는 무엇인가? 그리스도의 몸을 세우는 데 영적 은사는 어떻게 사용되는가? 그리스도께서 재림하실 때 무슨 일이 일어날 것인가? 돈을 어떻게 써야 하는가? 바울은 "무엇을 하든지 다 하나님의 영광을 위하여 하라"(고전 10:31)며 성장하는 그리스도인들에게 현명한 조언을 건넨다. 로마서는 바울의 가장 긴 편지이자 복음이 어떻게 그리스도 안에서 새 생명을 창조하는지를 가장 자세하게 설명한다. 복음은 모든 믿는 사람에게 믿음으로 말미암는 하나님의 의를 드러낸다. 모든 사람은 죄를 지었고 하나님의 용서가 필요하다. 그래서 하나님은 세상 죄를 위한 속죄 제물로 사랑하는 아들을 내어 주셨다. 그리스도 안에서 하나님은 죄를 정죄하셨고 예수를 믿는 모든 사람을 값없이 의롭다고 하신다. 신자들은 성령으로 충만하여 새 생명 가운데서 행하기 시작한다. 성령은 우리에게 하나님의 길을 걷도록 능력을 주신다. 우리는 모두 우리 몸을 하나님이 기뻐하시는 거룩한 산 제물로 드린다. 우리는 더 이상 이 세대를 본받지 않고 마음을 새롭게 함으로 변화받는다. 우리는 함께 살아가며 하나님의 뜻을 인식하고 추구한다. 온 땅에 복음을 전하는 하나님의 사명을 후원하는 일에 동참할 때, 그리스도 안에 있는 새 생명이 보이고 전해진다.

이제 당신은 일곱 통의 신약 편지 중 일부를 읽을 것이다. 편지들은 정경 순서가 아닌 신약의 줄거리에 따라 제시되어 있다. 이번 주에 연구한 각 편지 전체를 읽기 바란다. 또한 각 편지에서 다루는 저자, 연도, 역사적 맥락 및 주요 주제에 대한 자세한 정보를 찾아볼 수 있는 『신약을 읽다』를 참고하면 큰 도움이 될 것이다. **연대표**를 가까이 두고, 오순절 시대에 해당하는 사도행전의 줄거리에서 각 편지가 어느 시기에 해당하는지, 가르침의 시대에 해당하는 수신자의 지리적 위치가 어디인지를 찾아보라.

📖 **성경 읽기** 📖

야고보서 1:19–27, 갈라디아서 2:20, 5:13–26, 데살로니가전서 1:1–7,
고린도후서 3:1–18, 5:14–17, 로마서 5:12–21, 7:4–6, 8:1–13, 12:1, 2

1 야고보서 1장 19-27절을 읽으라. 야고보는 신자들이 말씀을 행하는 자가 되고 그들 안에 심어진 말씀을 받으라고 격려한다. 말씀을 "행하는 자"가 된다는 것은 무슨 의미이며, 우리 행동은 어떻게 그리스도 안에서 우리의 새로운 생명을 나타내는가? 그리스도인의 특징이 되어야만 하는 자질로는 무엇이 있는가?

묵상을 위한 질문

가르침 시대

2 갈라디아서 2장 20절과 5장 13-26절을 읽으라. 신자의 새 생명은 어떻게 형성되는가? 바울이 "성령의 열매"와 비교하여 "육체의 일"을 어떻게 묘사하는지 요약하라. 경건의 열매를 맺는 일에 성령은 어떤 역할을 하시며, 신자는 성령을 따라 행하는 데 어떤 역할을 하는가? 이것이 당신 삶에서 의미하는 바는 무엇인가?

3 데살로니가전서 1장 1-7절을 읽으라. 우리가 복음을 믿을 때 성령께서는 우리 안에 어떤 긍정적인 효과를 만드시는가? 그 외 영적 성장과 관련된 것은 무엇인가?

4 고린도후서 3장 1-18절과 5장 14-17절을 읽으라. 이 구절들은 당신이 예수를 믿고 하나님의 말씀을 읽으며 적용할 때 당신 안에서 일어나는 새로운 창조의 역사를 어떻게 묘사하는가?

5   로마서 5장 12-21절을 읽으라. 신자들에게 주어지는 새로운 삶은 무엇이
     며, 아담 안의 옛 삶과 어떻게 대조되는가? 우리는 어떻게 "의롭다 하심"
     을 받았는가?

하나님의
말 씀 을
적용하기

1   야고보서 1장 22-27절을 읽으라. **정보**(성경 지식)도 좋지만, **변화**(더욱 예수
     처럼 생각하고 행동하는 것)야말로 하나님의 말씀을 읽고 연구하고 적용하
     는 궁극적인 목적이다. 26, 27절에 대한 반응으로, 개인적으로 적용할 방
     법을 한 가지씩 적어 보라.

     가. 내 혀(말)를 통제하기

     나. 취약하고 힘든 사람을 방문하기

     다. 내 생각과 행동 및 습관을 정결하게 하기

2   로마서 7장 4-6절과 8장 1-13절을 읽으라. 이 세상의 가치관과 태도에
     순응했던 당신의 예전 생활은 어떠했다고 말할 수 있는가? 이것은 그리
     스도 안에 있는 당신의 새로운 삶과 어떻게 대조되는가? 어떻게 해야 당
     신의 마음을 성령께 둘 수 있겠는가? 어떤 실질적인 단계를 밟겠는가?

3   로마서 12장 1, 2절을 읽으라. 당신이 더 고상한 목적을 위해 무언가를 희생(sacrifice)한다면, 그 목적을 삶의 우선순위로 삼겠다는 진지한 의도를 보여 주는 것이다. 당신이 예수를 따르는 자로서 삶에서 내린 선택이 어떻게 "산 제물"(sacrifice)이 될 수 있는가? 예수에 대한 그러한 헌신은 어떻게 우리가 세상에서 하나님의 뜻을 이해하고 실천할 수 있도록 우리 마음을 변화시키고 새롭게 하는가?

🔍 **연대표와**
지도 살피기

○ 연대표에서 "가르침 시대" 부분을 살펴보라. 연대표에서 이 부분에 해당하는 신약의 핵심 믿음과 그림에 주목하라.

○ 여섯 번째 지도 "바울의 선교 여행"을 살펴보라. 일곱 편지를 보낸 도시를 찾으라.

✦ **「신약을 읽다」와**
함께 톺아보기

○ 6장 "가르침 시대 I"(265-309쪽)을 읽으라.

10

그리스도 안에서 연합한
새로운 공동체

인류의 역사, 현대 사회, 그리고 우리 자신의 경험은 우리가 망가진 세상에 살고 있음을 상기시킨다. 우리의 가족, 관계, 인종 집단 사이에는 분노, 적개심, 분열이 만연하다. 증오, 착취, 인종 폭력은 우리 마음을 산산이 부수고 땅을 더럽힌다. 그러나 복음은 다른 길을 드러낸다. 십자가에서 하나님의 구속 목적은 우리를 자신과 화해시키는 것이었다. 하나님은 우리의 분열을 대신해서 하나의 새로운 인류를 창조하셨다. 그분은 십자가에서 우리의 적대감을 없애셨다. 가까이 있는 사람과 멀리 있는 사람에게 평화를 선포하셨다. 그분은 한 성령으로 우리를 하나 되게 하셔서 우리가 아버지께 동일하게 다가갈 수 있도록 하셨다. 거기에는 외부인도, 외국인도 없고 오직 동일한 시민, 곧 하나님의 가족만 있다고 선언하셨다. 그분은 그리스도 안에서 연합하는 새로운 공동체를 만드셨다.

앞서 우리는 신약의 처음 일곱 편지를 살펴보았다. 이번에는 새롭게 형성된 기독교 공동체가 그리스도 안에서 하나 되는 심오한 실제에 초점을 두고 다음 일곱 편지를 다룰 것이다. 바울은 이제 로마로 **4차** 전도 여행을 떠난다. 그는 가택 연금 상태에서 **네 통**의 편지(에베소서, 빌립보서, 골로새서, 빌레몬서)를 쓴다. 이 편지들은 모두 바울의 투옥 사실을 명시적으로 언급하고 있기에 옥중 서신이라고 한다.

에베소서는 만물을 그리스도 안에서 연합시키려는 하나님의 계획을 강조한다(엡 1:10). 한때는 하나님의 목적 안에 감춰졌다가 이제 밝혀진 신비는 세상 민족들이 "복음으로 말미암아 그리스도 예수 안에서 함께 상속자가 되고 함께 지체가 되고 함께 약속에 참여하는 자가"(엡 3:6) 된다는 것이다. 우리가 평안의 매는 줄로 성령의 하나 되게 하신 것을 힘써 지킬 때 교회는 온 우주에 하나님의 지혜를 나타낸다. 우리는 "몸이 하나요 성령도 한 분이시니 …… 주도 한 분이시요 믿음도 하나요 세례도 하나요 하나님도 한 분이시니 곧 만유의 아버지시라 만유 위에 계시고 만유를 통일하시고 만유 가운데 계시도다"(엡 4:4-6)라고 선포한다. 예수께서 십자가에서 속죄의 죽음을 당하심으로 적대감의 벽은 허물어졌고 그리스도 안에서 우리는 연합되었다.

바울이 복음 안에서 지속적인 동역에 감사하자, 빌립보 성도들은 기쁨을 표출한다. 바울은 교회가 분열된 이 땅의 사회를 변화시키는 방식으로 하늘나라 시민으로 살 것을 촉구한다. 무엇보다도 그는 교회가 "한마음으로 서서 한 뜻으로 복음의 신앙을 위하여 협력하는 것을"(빌 1:27) 알기 원한다.

골로새서는 바울이 에베소에서 자신의 사역을 통해 믿음을 갖게 된 에바브라가 개척한 교회를 격려하기 위해 기록되었다. 골로새서 1장 15-20절은 신약 성경에서 예수를 가장 아름답게 묘사한 글이다. 예수께서는 보이지 않는 하나님의 형상이시다. 그분은 몸인 교회의 머리이시다. 그분은 죽은 자들 가운데서 먼저 나신 분이며 만물의 으뜸이신 분이다. 하나님은 그분 안에 모든 충만함을 머무르게 하기를 기뻐하셨다. 오직 예수 그리스도만이 "그의 십자가의 피로 화평을 이루사 만물 곧 땅에 있는 것들이나 하늘에 있는 것들이 그로 말미암아 자기와 화목하게"(골 1:20) 하실 수 있다.

빌레몬서는 짧지만 심오한 편지다. 바울은 부유한 지주(빌레몬)와 도망친 노예(오네시모), 두 사람을 화해시키기 위해 편지를 쓴다. 바울은 빌레몬에게 오네

시모를 더 이상 종으로 여기지 말고 "사랑받는 형제로"(몬 16절) 받아들이라고 촉구한다. 이것이야말로 그리스도 안에서 하나님이 새롭게 하신 인류의 실체이다. 우리는 그리스도 안에서 형제자매로 연합하여 하나님의 가족의 동등한 일원이 된다.

바울은 말년에 차세대 목회자들에게 마지막 편지 **세 통**을 쓰는데, 이는 목회 서신(디모데전후서와 디도서)으로 알려져 있다. 이 편지들은 교회의 연합을 든든하게 세울 교회의 미래 지도자들을 지원하는 바울의 간절한 열망을 보여 준다. 하나님의 신교는 우리 세대를 포함한 모든 세대에서 성취될 것이다. 바울은 지도자들에게 신실한 사역을 위해 경건한 성품의 중요성과 더불어 하나님의 말씀을 가르치는 일의 우선순위를 강조한다. "모든 성경은 하나님의 감동으로 된 것으로 교훈과 책망과 바르게 함과 의로 교육하기에 유익하니"(딤후 3:16). 그는 디모데에게 가르치는 은사를 발휘하도록 격려하고 두려워하지 말라고 권고한다. 또 디도에게는 헌신적인 봉사와 "바른 교훈"(딛 2:1)을 가르치라고 촉구한다. 그리스도인이 하나님의 말씀에 기초하여 겸손하게 섬길 때 다른 이를 예수께로 인도하고, 그리스도 안에서 연합한 새로운 공동체를 창조하게 된다. 우리가 그리스도 안에서 동료 신자로서 공유하는 것이 우리를 분열시키려는 모든 것에 승리한다. 주님에게 오늘 당신을 어디로 부르셔서 섬기게 하실지 여쭈어 보라.

📖 **성경 읽기** 📖

에베소서 1:3-14, 2:11-22, 빌립보서 2:1-18,
골로새서 1:3-23, 디모데후서 3:14-4:8

1 에베소서 1장 3-14절을 읽으라. "그리스도 안에서", "그 안에서" 또는 "그 앞에"라는 문구를 몇 개나 찾을 수 있는가? 이는 우리를 그리스도인으로서 연합하도록 만드는 것이 무엇임을 말해 주는가? 어떤 행동이 그리스도에 중점을 두는 것인가? 이 구절에서 어떤 점이 당신에게 와닿는가?

묵상을 위한 질문

가르침 시대

2 에베소서 2장 11-22절을 읽으라. 하나님의 율법은 유대인들을 하나님의 언약 백성으로 하나님과 연결해 주었지만, (하나님의 율법을 자랑스러워하는) 유대인들과 (하나님의 율법을 알지 못하거나 거부하는) 이방인들 사이에는 엄청난 적대감이 생겨났다. 이 본문은 적대적인 종족 집단을 서로, 그리고 하나님과 화목하게 하시는 하나님의 완전한 해결책을 어떻게 묘사하는가? 이 구절은 우리가 이미 살핀 "그리스도 안에서"라는 바울의 가르침에 어떤 도움을 주는가?

3 빌립보서 2장 1-18절을 읽으라. 바르게 살라는 바울의 처음 권면(1-4절)과 마지막 권면(12-16절) **중심**에 예수의 모범이 있다는 사실을 인지했는가?(5-11절) 우리가 따라야 하는 예수의 모범을 묘사하는 5-11절에 나오는 강력한 행위 단어(action-words)에는 어떤 것들이 있는가? 그렇게 할 때 우리는 어떻게 다른 신자들과 더 위대한 연합을 이루게 되는가?

4 골로새서 1장 3-23절을 읽으라. 이 본문에 선포된 놀라운 진리는 어떻게 예수 그리스도의 으뜸 되심에 대한 당신의 이해와 그분에 대한 인식을 확장하는가?(특히 13-23절 참조) 예수께서는 화목을 이루시기 위해 무슨 일을 하셨는가? 스스로 질문해 보라. 내가 가족, 지역 공동체 또는 사람들 사이에서 화목의 도구가 될 수 있는 곳은 어디인가?

5 디모데후서 3장 14절-4장 8절을 읽으라. 성경의 속성은 무엇인가? 우리가 성경을 읽고 연구하면 성경은 우리 삶에 어떤 긍정적인 영향을 끼치는가? 이 구절에서 바울의 권면은 당신이 하나님의 말씀을 읽고 연구할 때 어떻게 격려하는가? 말씀 안에서 더 많은 시간을 보내기 위해 당신이 해야 할 일은 무엇인가?

**하나님의
말씀을
적용하기**

1 골로새서 1장 3-23절을 읽은 후, 10분 동안 기도하며 예수의 이러한 특성과 행동 하나하나에 대해 하나님을 찬양하라. 그리고 기도 중에 높임 받으신 예수가 우주에서 위치한 자리를 묵상하라. 바울은 이 장 후반부에서 "이 비밀은 너희 안에 계신 그리스도시니 곧 영광의 소망이니라"고 말한다. 높임받으신 그리스도께서 당신 안에 거하신다는 그 경이로움, 곧 영광의 소망을 묵상하라. 이것이 당신에게 의미하는 바에 대해 숙고하고 간단히 기록하라.

2 삶에서 하나님의 말씀을 더 많이 적용하려면 성경이나 노트에 다음 적용 질문을 적고 성경을 읽을 때마다 사용하라. 골로새서 3장 1-25절을 읽고 나서 다음 질문에 답하라.

● 내가 기뻐할 수 있는 진리는 무엇인가?

● 나는 어떤 모범을 따를 수 있는가?

● 나는 어떤 오류를 피해야 하는가?

● 나는 하나님의 어떤 약속을 신뢰할 수 있는가?

● 숙고하고, 하나님에게 밝혀 달라고 구할 만한 신비는 무엇인가?

3 당신은 이번 주에 어떤 성경 연구 습관을 계발할 수 있겠는가?

4 당신은 그리스도의 몸에 속하여서도 분열을 일으키고픈 유혹을 받을 수 있다. 그때 어떻게 그리스도의 몸의 연합을 강화할 수 있는가?

🔍 **연대표와 지도 살피기**	○ 연대표에서 "가르침 시대" 부분을 살펴보라.
	○ 여섯 번째 지도 "바울의 선교 여행"을 다시 살펴보라. 이번 주 본문에서 다룬, 바울이 편지한 도시들을 찾아보라.
⊕ **「신약을 읽다」와 함께 톺아보기**	○ 7장 "가르침 시대 II"(311-344쪽)를 읽으라.

WEEK

11

고난 중에도 그리스도께
신실한 새로운 공동체

그리스도인은 예수의 죽음과 부활을 전할 때 그 중심에 하나님의 구속 계획을 둔다. 그분의 이름을 믿는 모든 사람은 죄 사함받는다고 선포한다. 모든 민족은 하나님의 가족으로 그리스도와 함께 공동 상속자가 되도록 초대받는다. 이 영광스러운 진리는 인간의 교만과 충돌하고, 사회 규범에 반하기에 종종 저지당한다. 그리스도인은 비방을 받고 오해를 당한다. 또한 개인적인 손해를 입기도 하고, 가족이나 친구와 소원해지기도 하며, 재산 손실을 겪는다. 때때로 신자들은 죽기까지 그리스도를 전한다. 모든 경우에 우리는 자신을 십자가에 못 박은 사람들을 위해 기도하시고 공격당해도 보복하지 않으신 예수의 모범을 따라야 한다. 그분은 고난 중에도 신실함을 지키셨으며 제자들에게도 똑같이 하라고 요구하셨다.

우리는 신약의 마지막 일곱 편지를 살펴보고 새로운 공동체가 어떻게 고난 중에도 그리스도께 신실함을 지키는지에 초점을 맞출 것이다. 성경은 고난이 우리 믿음을 성숙시키고, 다른 사람에게 복음이 열리게 하며, 예수께서 살아 계시다는 부인할 수 없는 증거를 제시한다고 가르친다. 이 마지막 일곱 편지는 네 명의 다른 저자, 즉 베드로, 히브리서 기자, 유다, 요한이 썼다. 이 편지들은 우리에게 어려운 시기에 어떻게 반응하고 견디며 신실함을 지켜야 하는지를 가르친다.

베드로는 고난받는 그리스도인들을 격려하기 위해 두 통의 편지를 쓴다(베드로전후서). 그는 신자들에게 "그리스도도 너희를 위하여 고난을 받으사 너희에게 본을 끼쳐 그 자취를 따라오게 하려 하셨느니라"(벧전 2:21)라고 말한다. 베드로는 그리스도인들에게 박해자를 위해 기도할 것을 촉구하며 이렇게 썼다. "만일 그리스도인으로 고난을 받으면 부끄러워하지 말고 도리어 그 이름으로 하나님께 영광을 돌리라"(벧전 4:16). 우리의 대적 마귀는 우는 사자와 같이 두루 다니지만, 신자들은 그리스도께 신실함을 지켜야 한다. 우리는 전 세계 그리스도인들이 같은 종류의 고난을 겪는다는 사실을 안다. 따라서 그리스도의 몸에서 한 지체가 고난당할 때 우리 모두 무릎을 꿇고 기도한다.

히브리서는 신약의 편지 중에서도 특별하다. 저자와 기록 장소는 불확실하지만, 절대적으로 확실한 점이 있다. 즉 저자가 예수 그리스도에 대해 깜짝 놀랄 만큼 탁월한 식견을 가지고 있다는 점이다. 그는 풍부한 어휘로 그리스도인의 삶을 묘사하며 구약을 광범위하게 인용한다. 그는 신자들이 박해와 투옥과 재산을 약탈당하는 상황에 직면하더라도 무엇보다 그리스도께 신실하라고 격려한다. 그는 두려움 때문에 모이기를 게을리하지 말고 "인내로써 우리 앞에 당한 경주를 하며 믿음의 주요 또 온전하게 하시는 이인 예수를 바라보자 그는 그 앞에 있는 기쁨을 위하여 십자가를 참으사 부끄러움을 개의치 아니하시더니 하나님 보좌 우편에 앉으셨느니라"(히 12:1, 2)고 말한다.

유다는 예수의 형제 중 한 명으로 한 통의 짧은 편지를 썼다(유다서). 유다는 교회가 "성도에게 단번에 주신 믿음의 도를 위하여 힘써 싸우라"(유 1:3)고 말한다. 그리스도인은 하나님의 은혜를 죄의 면허증으로 바꾸려는 거짓 교사들을 경계해야 한다. 하나님은 우리를 구원하시고 그분 앞에서 거룩하게 살게 하셨다. 그리스도를 구주라고 말하면서도 주님으로는 부인하는 자들에게 하나님의 심판이 나타날 것이다. 우리는 그리스도께 신실함을 지킨다. 왜냐하면 그리스도가 우리를 넘어지지 않도록 지켜 주시고 그분의 영광스러운 임재 앞에 우리가 크게 기뻐하며 흠 없이 서게 하실 것을 알기 때문이다.

신약의 마지막 세 통의 편지는 사도 요한(요한일이삼서)이 썼다. 그에게는 그리스도인들이 진리 안에서 행하며 예수의 가르침 안에 거한다는 말을 듣는 것보다 큰 기쁨이 없었다. 그는 많은 거짓 선지자가 세상에 나왔기 때문에 신자들은 영을 시험해야 한다고 경고한다. "예수 그리스도께서 육체로 오신 것을 시인하는 영마다 하나님께 속한 것이요 예수를 시인하지 아니하는 영마다 하나님께 속한 것이 아니니"(요일 4:2, 3). 그리스도를 믿는 우리 신앙은 고난 가운데서도 그리스도께 신실할 때 더욱 깊어진다. 우리는 고난받으시는 우리 구주의 사랑을 고난받는 다른 사람들과 나눌 수 있다. 그리고 우리는 부활의 승리도 함께 누리며 그분과 함께 영생을 누리게 될 것이다.

📖 **성경 읽기** 📖

베드로전서 1:3-9, 2:21-25, 히브리서 11:1-12:3, 13:20-22,
유다서 1:24, 25, 요한일서 4:1-6

1   베드로전서 1장 3-9절을 읽으라. 고난 가운데 성도의 소망과 기쁨의 근원은 무엇인가? 고난과 시련의 때에 우리가 어떻게 반응해야 하는지 써 보라. 당신 삶에서 이와 비슷한 시기를 지날 때 하나님은 어떻게 역사하셨는가?

묵상을 위한 질문

2 베드로전서 2장 21-25절을 읽으라. 23절에 나오는 예수의 모범을 묵상하라. 이렇게 하기가 왜 그토록 어려운가? 하나님은 박해에 대한 이러한 반응을 통해 어떻게 끝없는 복수와 보복이라는 타락한 인간의 방식을 바꾸시는가?

3 히브리서 11장 1-40절을 읽으라. 이러한 "믿음의 사람들"의 예는 어떻게 오늘날 우리가 믿음으로 살도록 격려하는가? 그들의 삶에 고난은 어떻게 엮여 있으며, 또 그들은 어떻게 믿음으로 견뎠는가?

4 히브리서 12장 1-3절은 박해받고 고난당하는 1세기 그리스도인들에게 (그리고 오늘날 우리에게도) 직접 하는 말이다. 경기장에서 달리기 선수들을 응원하는 관중처럼 우리 앞에 놓인 경주를 격려하는 "구름 같은 증인들"은 누구인가? 몸을 단련하고 개인 훈련을 통해 인내력을 기르는 경주자들처럼 그리스도인은 어떻게 영적 인내력을 기를 수 있는가? 우리는 누구에게 시선을 고정해야 하는가? 그리고 왜 그분인가?

5 요한일서 4장 1-6절을 읽으라. "분별하라"에 해당하는 헬라어는 진품임을 검사한다는 의미다. 요한은 선지자, 설교자 또는 선생이 참으로 하나님에게 속한 자인지를 분별하는 방법이 무엇이라고 말하는가? 당신은 이것이 왜 그렇게 중요하다고 생각하는가?

1   히브리서 12장 1-3절를 읽으라. "인내로써 우리 앞에 당한 경주를" 하라
     는 바울의 명령은, 움직여 앞을 내다보고, 앞으로 나아가라는 것을 시사
     한다. 당신이 예수를 믿기 때문에 고난을 통과하는 "경주"를 하고 있다면
     다음 행동 지침은 무엇인가?

2   베드로전서 2장 21-25절를 읽으라. 예수를 믿는다는 이유로 고난을 당
     하면서도 그리스도인으로서의 위엄과 그리스도를 닮은 성품을 보여 주
     려고 애쓰는 사람이 있다면 누구인가?(과거 사람이든 살아 있는 사람이든 모
     두 포함하라) 당신은 그들의 어떤 성품을 존경하는가? 하나님은 그들의 삶
     에서 긍정적인 변화를 끌어내기 위해 어떻게 고통을 구속의 방식으로 사
     용하셨는가?

3   히브리서 13장 20-22절, 유다서 1장 24, 25절를 읽으라. 이 "축도"를 소리
     내어 읽으며 "너희"가 나올 때마다 자신의 이름을 넣으라(즉, "능히 [당신의
     이름]를 보호하사 거침이 없게 하시고……"). 생명을 주는 이 선한 격려로 당신
     의 생각을 채우고, 마음을 진정하고, 당신의 영혼이 하나님을 확신하게
     하라. 하나님은 예수를 통해 친히 가장 비천한 고난의 자리까지 오셔서
     당신이 하나님의 임재 앞에 설 수 있게 하셨다. 당신은 이 축도에서 어떤
     부분이 의미 있게 다가오는가?

🔍 **연대표와**   ○ 연대표에서 "가르침 시대" 부분을 살펴보라.
   지도 살피기

                  ○ 여섯 번째 지도 "바울의 선교 여행"을 다시 살펴보라.

⊕ **「신약을 읽다」와**   ○ 8장 "가르침 시대 Ⅲ"의 앞부분(345-376쪽)을 읽으라.
   함께 톺아보기

기독교를 규정하는
일곱 가지 핵심 신조

가르침 시대

"그리스도인"이란 주변 지역 사회에서 신자들에게 처음으로 붙여 준 호칭이다 (행 11:26). 이 호칭은 그들의 민족 정체성이나 계급 또는 사회적 지위에 근거한 것이 아니다. 다만 그리스도 안에서 그들이 이룬 **연합**에 근거하여 **그리스도인**이라고 불린 것이다. 그러면 사람들은 어떤 모습을 보고 그들을 그리스도인이라고 부르게 되었는가? 예수를 따르는 사람들의 공통된 믿음은 무엇인가? 그리고 이러한 믿음은 어떻게 우리가 살아가는 방식을 형성하는가? 당신은 다음 질문에 어떻게 답하겠는가? "기독교인들이 실제로 믿는 것은 무엇입니까?"

이번 주에는 기독교의 가르침을 하나로 묶고, 기독교의 정체성을 규정하며, 기독교를 전하도록 동기를 부여하는 일곱 가지 핵심 신조를 배울 것이다. 이러한 신조는 신약의 편지에 가득하며, 시대를 거쳐 교회가 생명력을 유지하고 존속하는 데 중심이 되었다. 즉 이러한 진리들이 기독교를 정의한다. 이것들을 배우면 주님에게 신실하고, 그분이 우리에게 맡기신 것을 지키는 데 도움이 된다.

첫 번째 핵심 신조는 **예수가 메시아**, 즉 **그리스도 주**라는 것이다. 예수께서는 구약 성경에서 하나님이 주신 구속 약속의 성취이시다. 예수께서는 약속된 다윗의 자손이며 하나님의 아들로서 영원히 하나님 나라를 다스리신다. 신약의 편지들은 예수 그리스도가 주님임을 강조한다. 예수를 "주"라고 부르는 것은 그분의 신성과 권위와 영광을 인정하는 것이다. 메시아이자 주님인 예수께서는 모든 사람을 그분에게로 이끄시고 초대하시어 그분의 이름을 믿음으로 영생을 얻게 하신다.

두 번째 핵심 신조는 **믿음으로 말미암은 칭의**다. 족장 아브라함은 하나님을 믿었고, 하나님의 은혜로 그는 믿음으로 의롭게 되었다. 그리스도를 믿는 모든 사람은 오직 그리스도를 믿음으로써 의롭다고 선포된다. 그리스도의 대속 죽음이 세상 죄를 사한다. 죄에 대한 하나님의 의로운 진노는 십자가에서 완전히 만족되었다. 우리는 은혜로 구원받는데, 은혜란 우리 공로 없이 하나님이 베푸시는 호의로서, 예수 그리스도의 얼굴에서 우리에게 계시된다. 그리스도에 대한 믿음이 하나님의 새 언약 백성임을 입증한다.

세 번째 핵심 신조는 **성령의 임재**다. 하나님은 요엘 선지자를 통해 모든 육체에 성령을 부어 주신다고 약속하셨다. 성령은 우리가 하나님의 가족으로 입양되었음을 확증하고 그리스도 안에서 우리가 새로운 삶을 살아가도록 힘을 주신다. 성령은 우리에게 기도를 가르치시고, 고난 가운데 기쁨을 주시고, 영감으로 우리 예배를 이끄신다. 성령의 은사는 그리스도의 몸을 세우고 세상에 예수를 전하는 데 사용된다.

네 번째 핵심 신조는 **유대인과 이방인이 "그리스도 안에서 하나"**라는 것이다. 하나님은 아브라함의 후손으로 말미암아 모든 민족이 복을 받게 된다고 약속하셨다. 신약 성경은 그리스도 안에서 이방인(세상 민족)이 "복음으로 말미암아 그리스도 예수 안에서 함께 상속자가 되고 함께 지체가 되고 함께 약속에 참여하는 자가 됨이라"(엡 3:6)고 가르친다. 유대인과 이방인 모두 그리스도의 죽음을 통해 용서받는다. 둘 다 그리스도의 부활에서 새 생명을 찾는다. 우리는 하나님과 화목한 한 백성이 되었다. 이 진리는 그리스도 외에 어디에서도 찾을 수 없다.

다섯 번째 핵심 신조는 **열방이 믿음으로 순종**하는 것이다. 구약에서 에스겔 선지자는 내주하시는 성령을 통해 순종하는 마음이 임할 것을 보았다. 순종은 그리스도인의 삶에서 필수적인 목표다. 우리는 성령의 능력으로 그리스도께 즐거이 순종하여 하나님 아버지께 기쁨과 찬양을 드린다. 우리는 예수 그리스도로 말미암아 "은혜와 사도의 직분을 받아 그의 이름을 위하여 모든 이방인 중에서 믿어 순종하게"(롬 1:5, 6) 되었다. 변화된 삶은 예수께서 죽으셨고 오늘도 살아 계신다는 강력한 공적 증거가 된다.

여섯 번째 핵심 신조는 **그리스도인들이 "주님에게 거룩한" 산 제물**이 되도록 부르심을 받았다는 것이다. 하나님은 이스라엘을 거룩한 백성으로 구별하셨고, 이제 신자들은 하나님의 소유로서 이 거룩한 소명을 수행한다. 거룩함이란 그분의 목적을 위해 세상에서 "하나님에게 구별"되는 것을 의미한다. 우리는 자신의 것이 아니라 하나님에게 속한 것이다. 우리는 하나님과 백성 사이를 중재하는 제사장 나라로 살아간다. 우리는 그리스도 안에 용서와 치유가 있음을 알기에 다른 사람의 고통을 짊어지고 간절하게 기도함으로 중보한다. 주님이 우리 분깃이시기 때문에 우리는 삶의 모든 면에서 그분의 영광을 반영하고자 애쓴다.

일곱 번째 핵심 신조는 **그리스도가 심판자로 영광 중에 다시 오신다**는 것이다. 예수는 높임받으신 인자로서, 통치권과 영광과 하나님 나라를 받으셨다. 그리스도인은 모든 사람이 "그리스도의 심판대 앞에"(고후 5:10) 서야 한다는 사실을 알기에, 모든 사람에게 회개하고 믿음으로 그리스도께 돌이키라고 외친다. 예수의 재림을 앞두고 기독교 선교는 절박하게 이루어지고 있다. 그리스도가 눈에 보이도록 영광 중에 다시 오심이야말로 하나님이 승리하시는 결말이다. 악은 심판받을 것이다. 죽은 자들이 일어나 영원한 생명을 살게 될 것이다. 의인은 불멸의 옷을 입을 것이다. 하나님은 새 하늘과 새 땅에서 자기 백성과 영원히 거하실 것이다.

우리는 이러한 핵심 신조에 따라 가르치고 제자 삼는 일에 전념해야 한다. 때로 우리는 중요한 진리를 당연시하고 그리스도의 몸에 대한 부차적인 주제에 주의를 기울인다. 이러한 신약의 핵심 신조가 기독교 공동체를 창조하고 유지하고 두드러지게 한다. 따라서 헌신된 신자들끼리 부차적인 영역에서 발생하는 차이 때문에 이 찬란한 빛이 바래는 일은 결코 없어야 한다.

📖 **성경 읽기** 📖

로마서 1:1-6, 2:8, 5:1-11, 15:15-19, 고린도후서 5:9-11,

에베소서 2:19-22, 3:1-12, 베드로전서 2:4-10, 요한계시록 20:12

---

1 로마서 1장 1-6절을 읽으라(**예수는 메시아, 그리스도 주**). 왜 바울은 자신의 편지를 이런 식으로 시작하는가? 그리고 이 사실은 예수의 중심성에 관해 무엇을 말해 주는가? 바울의 삶과 당신의 삶에서 예수는 어떻게 주님으로 보이시는가?

2 로마서 5장 1-11절을 읽으라(**그리스도를 믿음으로 말미암은 칭의**). 집 전체로 들어서는 통로가 정문인 것처럼, 1절에 나오는 "의롭다 하심"은 이어지는 구절들에서 열거된 모든 복으로 들어가는 문과 같다. 이 구절에 있는 복의 목록을 작성하고 기도하며 각각에 대해 하나님에게 감사하라.

3 에베소서 2장 19-22절을 읽으라(**내주하시는 성령의 임재**). 이 구절에서 교

회를 설명하기 위해 사용한 용어는 무엇인가? 신자들이 성령 안에서 하나님이 거하실 처소로 **함께** 지어져 간다는 사실에 주목하라. 이 사실은 동료 신자들과 당신의 관계에 어떤 의미를 지니는가?

4   에베소서 3장 1-12절을 읽으라(**유대인과 이방인은 "그리스도 안에서 하나"**). (2,000년 전, 당신과 매우 다른 나라와 문화에서 살았던) 예수의 삶과 죽음과 부활이 당신에게 어떠한 의미가 있으며, 어떻게 당신을 구속할 수 있는가? 이 구절에서 바울이 말한 내용 중에 예수가 당신 자신과 다른 사람을 바라보는 방식에 영향을 끼친 것은 무엇인가? 바울은 어떻게 유대인과 이방인이 "그리스도 안에서 하나"라고 우리를 설득하는가?

5   로마서 15장 15-19절을 읽으라(**열방이 믿음으로 순종**). 바울은 자신의 사명을 어떻게 정의하고 있으며 이는 어떻게 성취되고 있는가? 어떻게 "성결의 영"이 행하시는 역사가 신자의 삶에서 순종과 연결되는가?

6   베드로전서 2장 4-10절을 읽으라(**"주님에게 거룩한" 산 제물**). 신약 시대의 신자에 대한 베드로의 설명은 하나님이 이스라엘을 거룩한 백성으로 부르심을 상기시킨다. 그리고 베드로는 이제 그 내용을 교회에 적용한다(출 19:5, 6 참조). 베드로가 예수를 따르는 사람들에게 해당된다고 선언한 이러한 각 속성에 대해 설명하라.

- 택하신 족속

- 왕 같은 제사장

- 하나님의 소유된 백성

- 어두운 데서 부름받아 그의 기이한 빛에 들어간 자

- 하나님의 백성

- 긍휼을 얻은 자

7 고린도후서 5장 9-11절과 요한계시록 20장 12절을 읽으라(**그리스도는 심판자로 영광 중에 다시 오심**). 모든 곳에서 사람들은 공의가 시행되고, 잘못이 바로잡히고, 감당할 수 없는 빚이 탕감되고, 악이 처벌되기를 바라며 울부짖는다. 그리스도인은 **공의에 대한 열망**이 우리의 창조주가 공의의 하나님이라는 증거라고 믿는다. 이 구절들은 어떻게 복음을 전해야 한다는 절박함을 우리 안에 일으키는가? 그리고 어떻게 하나님이 곧 모든 사람을 심판하신다는 사실 때문에 그러한 절박함이 생기는가?

1 로마서 5장 1-11절을 읽으라. 이 구절들은 당신을 향한 하나님의 사랑이 얼마나 깊은지를 어떻게 보여 주는가? 하나님의 사랑에 감사하는 기도를 드리라.

2 당신은 기독교 신앙의 일곱 가지 핵심 신조를 연구했다. 그중 당신에게 가장 와닿은 것은 무엇이며 그 이유는 무엇인가? 이번 주에 성령께서는 하나님의 말씀을 통해 어떻게 당신 마음을 감동케 하셨는가?

3 믿음 안에 굳건히 설 수 있도록 기독교의 핵심 신조에 대한 지식을 어떻게 기르겠는가? 그리고 어떤 조치를 취하겠는가?

🔍 **연대표와 지도 살피기**

○ 연대표에서 "가르침 시대" 부분을 살펴보라. 신약의 핵심 신조를 다시 살펴보라.

○ 여섯 번째 지도 "바울의 선교 여행"을 다시 살펴보라.

⊕ **「신약을 읽다」와 함께 톺아보기**

○ 8장 "가르침 시대 III"의 뒷부분(377-384쪽)을 읽으라.

13

예수께서 세상을 통치하시고 그분의 교회를 모으시다

성경의 마지막 책은 "예수 그리스도의 계시"(계 1:1)다. 요한계시록은 "마지막 때"에 관한 책이 아니라, 예수 그리스도에 관한 책이다. 계시는 "덮개를 벗기다"라는 의미다. 우리는 주님이 세상을 통치하시고 자신의 교회를 모으시는 모습을 본다. 요한계시록에 나오는 예수에 대한 환상은 두려움을 믿음으로, 타협을 확신으로, 자기만족을 용기로 바꾸어 준다. 하나님이 통치하시며 그분의 목적이 이길 것이다. 요한계시록은 예수에 대한 확장된 하나의 환상으로 읽어야 한다. 그분은 높임받으신 인자로서 교회의 주인이시다(계 1-3장). 그분은 하늘에서 경배를 받으신다. 그분은 땅에서 하나님의 영원한 목적을 수행하기에 합당하신 분이다(계 4, 5장). 그분은 진노를 내리시고 모든 민족에서 셀 수 없이 많은 무리를 모으신다(계 6-11장). 그분은 사탄의 가짜 왕국을 이기시고 자신의 나라를 끝없이 확장하신다(계 12-15장). 그분은 언젠가 눈에 보이도록 영광 가운데 돌아오셔서 최후 승리를 거두실 것이다(계 16-20장). 그분은 악을 영원히 정죄하고 의로움이 득세하는 새 하늘과 새 땅을 창조하실 것이다(계 21, 22장). 우리가 예수를 바라볼 때 마음에 위로를 받는다. 그리고 우리 결의는 더욱 강해진다. 하나님 나라에 헌신함이 우리의 최우선 순위가 된다. 그분의 구원을 신실하게 전하는 일이 우리의 가장 큰 기쁨이 된다.

구약의 이스라엘 선지자들처럼 요한계시록은 우리의 현재 상황에 대한 하나님의 관점과 더불어 미래에 대한 그분의 약속을 드러낸다. 예수는 언약의 주로서 자기 백성에게 말씀하시며 온 땅의 주로서 민족들에게 책임을 물으신다. 요한계시록 1-3장에서 예수께서는 소아시아의 여러 도시에 보내는 일련의 편지에서 일곱 교회에 말씀하신다. 그들은 세상과 타협하라는 유혹, 미지근한 신앙생활, 거짓 가르침, 사회의 핍박과 같은 문제에 직면한 실제 성도들이다. 이는 오늘날 교회가 직면하는 유혹과 같다. 각 편지는 예수께서 하나님의 권위로 말씀하시고 자기 백성에게 신실함을 지키라고 훈계하시며 시작한다. 그리고 자신을 배신하는 자들에게 경고하시고 자신의 목적을 신실하게 지키는 자들에게 복을 약속하시면서 끝난다. 요한계시록 21, 22장에서 예수께서는 자신의 승리를 믿고 공유하는 모든 사람에게 약속된 복을 나누어 주신다. 요한계시록은 미래에 대한 희망을 불러일으키고 오늘날 신실한 사람들에게 동기를 부여한다.

우리는 하늘의 예배 장면에서 그리스도의 구속이 이르는 놀라운 범위를 확인한다. 예수께서는 창세전에 죽임당한 하나님의 어린양이시다. 그분은 자신이 흘리신 속죄의 피로 모든 족속과 방언과 백성과 나라 가운데서 사람들을 구속하신다(계 5:9). 그들은 그분의 영원한 나라에서 환영을 받고 이 땅에서 그분과 함께 통치할 것이다. 예수께서는 종종 고난을 당하면서도 신실함을 지키는 자기 백성의 증거를 통해 교회를 모으신다. 그분의 능력은 약한 데서 온전해진다. 그분의 복음은 겸손한 인간의 목소리를 통해 들려온다. 우리는 우리가 전한 결과를 보게 되는데, 각 나라와 족속과 백성과 방언에서 셀 수 없이 큰 무리가 나와 큰 소리로 외친다. "구원하심이 보좌에 앉으신 우리 하나님과 어린양에게 있도다"(계 7:10).

요한계시록을 읽을 때는 예수 그리스도께 집중하라. 당신은 그분을 지금 있는 그대로의 모습으로 보는 것이다. 그분의 능력과 권위와 세상에서의 구원 활동을 확신하라. 사랑으로 가득한 그분의 책망을 받아들이고 그분이 약속하신 보상을 바라라. 성령이 하나님의 찬란한 광채로 당신의 상상을 정화하시게 하라. 모든 거짓 힘에 대한 애정에서 돌이키라. 그리스도의 영광스러운 나타나심에 비추어 그리스도에 대한 당신의 헌신을 새롭게 하라. 세상이 우세한 것처럼 보일 때에도 그분의 주권과 은혜를 신뢰하라. 어린양의 피와 당신이 전하는 그 말씀으로 이기라. 모든 세상의 무기나 야망을 거부하라. 어린양이 어디로 가든지 따라가라. 그분에게 당신의 삶과 가족과 교회를 사용하여 이방의 추수를 거두게 해달라고 기도하라.

📖 **성경 읽기** 📖

다니엘 7:13-15,
요한계시록 1:1-18, 2:1-3:22, 5:9, 10, 7:9-17

묵상을
위한
질문

1 요한계시록 1장 1-18절을 읽으라. 예수에 대한 이 환상적인 묘사는 생생하며 경외심을 불러일으킨다. 이러한 형상은 지금 예수의 모습과 예수의 권위에 관해 무엇을 말하는가? 당신에게 와닿는 점은 무엇인가?

2 다니엘 7장 13절을 읽으라. 우리가 대망 시대에 다니엘의 예언을 연구한 기억이 떠오를 것이다. 그때 인자가 하나님의 영원한 왕국을 다스리시는 천국의 환상이 중요하다고 했다. 요한은 왜 이 구절을 인용했으며, 무엇을 묘사하고 있는가?(계 1:6, 7) 이 환상은 고난받는 사람들을 어떻게 격려하고 있는가? 이 환상은 현실에 안주하려는 사람들에게 어떤 영감을 줄

수 있는가? 이 환상은 오늘날 세상에서 기독교를 전하는 일에 어떻게 동기를 부여할 수 있는가?

3 요한계시록 2장 1절-3장 22절을 읽으라(그리고 한 교회를 선택하라).

- 예수께서는 이 교회에 대해 무엇을 **알고** 계신가?

- 예수께서는 이 교회에서 무엇이 선하다고 **인정**하시는가?

- 예수께서는 그들에게 어떤 **책망**을 하시는가?

- 예수께서는 그들에게 **어떻게 하라고** 하시는가?

- 예수께서는 그들에게 어떤 **약속**을 하시는가?

4 요한계시록 5장 9, 10절을 읽으라. 죄 없으신 하나님의 아들 예수께서 우리 죄를 위하여 죽으셨다. 그분의 피는, 죄로 인해 하나님과 분리된 우리를 해방하는 대속물이 되었다. 이 대속은 누구에게 해당되는가? 당신은 예배에서 어떻게 반응하겠는가?

5 요한계시록 7장 9-17절을 읽으라. 세례 요한이 예수를 "세상 죄를 지고 가는 하나님의 어린양"(요 1:29)으로 처음으로 인식했음을 기억할 것이다. 이제 우리는 어렴풋이나마 큰 무리에게 찬양과 영광을 받으시는, 높으신 하나님의 어린양을 본다. 이 천국의 모습에서 가장 아름다운 점은 무엇이며, 마음에 와닿는 점은 무엇인가? 왜 그러한가?

6 이 구절에서 발견한 구약 또는 신약의 주제는 무엇인가? 그러한 주제들은 어떻게 성경이 **예수를 중심으로** 하는 하나의 구속 이야기라는 점을 강화하는가? 영원을 미리 맛보는 이 천상의 예배 장면 중심에 **누가** 있는지 주목하라.

하나님의
말씀을
적용하기

1 요한계시록 1장 12, 13절을 읽으라. 요한은 "일곱 금 촛대를 보았는데 촛대 사이에 인자 같은 이"가 있음을 인지한다. 이 환상에서 촛대 위에서 기름으로 타오르는 등불과 그 빛이 어둠을 비추는 장면을 상상해 보라. 당신의 교회는 어떻게 우리 주 예수의 복음의 생명과 빛을 **당신이** 속한 공동체의 어둠 속으로 비추고 있는가?

2 당신의 교회가 요한계시록 2장과 3장에 나오는 일곱 교회 중 하나와 같이 말씀을 받고 있다고 상상해 보라.

- 예수께서는 당신 교회에 대해 무엇을 **알고** 계신가?

- 예수께서는 당신 교회에서 무엇이 선하다고 **인정**하시는가?

- 예수께서는 당신 교회 구성원들에게 어떤 **책망**을 하시는가?

- 예수께서는 당신에게 **어떻게 하라**고 하시는가?

- 예수께서는 당신에게 어떤 **약속**을 하시는가?

아직 임하지 않은 시대

┌───┐
│ 🔍 **연대표와**   ○ 연대표에서 "아직 임하지 않은 시대" 부분을 살펴보라. │
│   **지도 살피기**   │
│   ○ 일곱 번째 지도 "기독교 증인의 확산"을 살펴보라. │
│   │
│ ⊕ **「신약을 읽다」와**   ○ 9장 "아직 임하지 않은 시대 I"(385-415쪽)을 읽으라. │
│   **함께 톺아보기**   │
└───┘

14

영광스러운 왕의 재림

역사를 통한 하나님의 구속 계획은 왕이신 예수의 영광스러운 재림과 앞으로 임할 새로운 창조 세계로 절정에 이른다. 예수의 재림은 악에 대한 의로운 심판과 그분을 신뢰하는 모든 사람에게 은혜로운 구원을 가져온다. 예수께서 악에게 최후 승리를 하심으로 우리는 기뻐할 것이다. 우리는 그분의 공의를 찬양하고 우리의 구속을 경축할 것이다. 하나님이 구원하시는 목적의 즐거운 결말은 결혼 잔치, 즉 메시아의 연회에 비유된다. 우리는 하나님이 사랑하시는 아들의 혼인 잔치에 그와 함께 앉도록 초대받는다. 그분은 우리에게 빛나고 정결한 세마포를 입히실 것이다. 우리는 그분의 얼굴을 볼 것이며 영원히 그분과 함께 살 것이다. 예수 그리스도는 최후의 승리를 위해 나아가신다. 그분은 "충신과 진실"이시다(계 19:11). 그분은 권위로 면류관을 쓰시고 거룩한 이름을 받으신다. 그분의 옷은 구속의 피로 적셔 있다. 그분은 "만왕의 왕이요 만주의 주"(계 19:16)시기 때문에 하늘의 군대는 승리하며 그분을 따른다. 마지막 전투의 결과는 의심의 여지가 없다. 하나님의 백성은 서서 주님의 구원을 본다. 예수께서는 짐승인 거짓 선지자와 태초부터 하나님 나라를 대적하던 옛 뱀인 용을 물리치신다. 악의 폭정은 정죄받는다. 인자의 정당성이 입증된다. 예수께서는 강력한 구주이자 천상의 심판자로 왕좌에 앉으신다. 지금까지 살았던 모든 인류가 그 앞에 나타난다. 사망과 사망의 문화를 공유하는 자들은 추방된다. 그분의 영원한 나라는 그분을 사랑하고 신뢰하는 모든 사람에게 수여된다. 그들은 그분과 함께 영원히 살면서 의로 통치할 것이다. 할렐루야! 찬양받기 합당하신 하나님의 어린양!

하나님은 악과 죄와 사망에 승리하신 후 "새 하늘과 새 땅"을 창조하신다(계 21:1). 이스라엘의 선지자들은 하나님이 의가 거하는 천지를 다시 창조하실 그날을 고대했다. 악과 죄는 추방될 것이다. 사망과 폭력은 더 이상 존재하지 않을 것이다. 새 하늘과 새 땅은 구속받은 모든 사람을 위한 예배의 성소로서 존속할 것이다. 새 하늘과 새 땅의 중심인 하나님의 영원한 도성, 새 예루살렘의 시민들이 부활 생명을 함께 나눌 것이다. 새 예루살렘은 신랑을 맞는 신부로 단장하고 하늘에서 내려올 것이다. 주님이 우리 눈에서 모든 눈물을 닦아주실 것이며, 더 이상 사망은 없을 것이다. 다시는 애통하는 것이나 곡하는 것이나 아픈 것이 없을 것이다. 이전 것들이 다 지나갔기 때문이다. 주님은 약속하신다. "보라 내가 만물을 새롭게 하노라"(계 21:5). 하나님의 도성은 거룩하고 하나님의 영광으로 빛난다. 그리고 그 도성은 높은 성벽과 튼튼한 기초 및 열두 문으로 견고하다. 그 도시의 규모는 방대하여, 빛을 따르는 모든 족속과 나라의 무수한 무리를 위한 공간도 충분하다. 도시는 에덴동산을 연상시키는 진귀한 원석과 보석으로 지어졌고, 이제 하나님과의 교제가 회복되었다. 하나님과 인류가 화목되었다. 그분의 형상을 지닌 인류가 하나님의 영광으로 땅을 채우고 자기 손으로 일한 결과를 누린다.

새 예루살렘의 내부를 들여다보면, "수정같이 맑은 생명수의 강"이 "하나님과 및 어린양의 보좌로부터 나와"(계 22:1) 흐른다. 그 강은 하나님의 거처에서 나와 도시 곳곳을 흐르며 땅을 새롭게 한다. 생명을 주는 이 맑은 수원지를 따라 강둑에는 생명나무가 자란다. 그 나무들은 달마다 하나씩 열두 가지 열매를 맺는다. 그리고 그 나무들의 잎사귀는 만국을 치유한다. 성경의 처음 몇 장을 지나면 에덴동산에 있던 생명나무에 접근하는 방법이 사라지고 만다. 죄의 기만으로 하나님과 인간의 교제는 산산조각 났다. 구원받은 인류는 마침내 이제야 생명나무에 접근할 수 있는 방법을 되찾았다. 더 이상 저주는 없다. 하나님의 백성은 그분의 복 아래 살게 될 것이다. 그들은 새 생명 가운데 행할 것이다. 그들은 땅을 사랑하며 지혜롭게 돌봄으로써 그분의 형상을 반영할 것이다. 그들은 아름다운 거룩함으로 본래 받은 임무를 완수하고 영원히 그분에게 영광을 돌릴 것이다.

예수 그리스도의 계시는 예수께서 자기 신부에게 "보라 내가 속히 오리니"(계 22:7, 12)라고 약속하시면서 간절한 기대로 끝난다. 하나님의 백성은 그리스도의 재림을 소망하며 기다린다. 예수께서는 다시 오실 그날까지 우리를 부르셔서 충성된 증인이 되어 헌신하며 섬기라고 하신다. 그분은 자신을 사랑하고 신뢰하는 모든 사람에게 상을 주실 것이다. 그분은 "알파와 오메가요 처음과 마지막이요 시작과 마침"(계 22:13)이시다. 요한계시록은 경고의 말씀으로 성경의 정경을 닫는다. "만일 누구든지 이것들 외에 더하면 하나님이 이 두루마리에 기록된 재앙들을 그에게 더하실" 것이다. "만일 누구든지 이 두루마리의 예언의 말씀에서 제하여 버리면 하나님이 이 두루마리에 기록된 생명나무와 및 거룩한 성에 참여함을 제하여 버리"실 것이다. 성경의 정경은 창세기에서 요한계시록까지 완전하다. 하나님은 우리의 생명과 구원에 필요한 모든 것을 기록하셨다. 새로운 계시는 없다. 다른 책도 없다. 우리를 위해 죽임당하신 하나님의 어린양, 예수 그리스도로부터 우리 주의를 돌리게 할 다른 선지자는 없다. 그분은 영원한 권위로 선포하신다. "내가 진실로 속히 오리라." 그러면 예비 신부는 이렇게 답한다. "아멘, 주 예수여 오시옵소서!"(계 22:20)

1 요한계시록 19장 1-9절을 읽으라. 당신의 문화권에서 혼인 잔치, 피로연의 핵심 요소는 무엇인가? 어떤 관습이 있는가? **결혼식**에서는 사람들이 대부분 **보기만** 하지만, **혼인 잔치**에서는 모든 사람이 **참여**한다. 요한계시록에 나오는 혼인 잔치는 어떤 면에서 예수를 믿는 모든 사람이 함께하게 될 천국의 축하 행사를 묘사하는 놀라운 형상인가?

2 요한계시록 20장 11-15절을 읽으라. 이 환상에는 하나님의 최후 심판이 묘사되어 있다. 이 사실은 어떻게 구원에 대한 감사와 예수를 알려야 한다는 긴급함을 불러일으키는가?

3 요한계시록 21장 1-9절을 읽으라. 여기에 설명된 천국의 어떤 면이 가장 인상적인가? 개인적으로 **당신이** 가장 경험하고 싶은 복은 무엇인가?

4 요한계시록 21장 10-27절을 읽으라. 새 예루살렘은 하나님의 새로운 피조 세계에 대한 멋진 그림이다. 이 환상은 어떻게 당신이 믿음을 굳건히 지키도록 격려하는가? 그리고 앞으로 무슨 일이 있을지 안다는 면에서 어떻게 당신이 목적을 가지고 살아가도록 힘을 주는가?

5 창세기 3장을 읽은 다음 요한계시록 22장 1-5질을 읽으라. 이 천국의 모습은 어떻게 우리 인간의 이야기가 예수로 인해 아름답게 구속적으로 완결되었다고 보여 주는가? 뱀의 유혹에 넘어간 아담과 하와가 선악을 알게 하는 나무의 실과를 먹음으로 동산에서 죄를 짓게 되었다는 사실을 기억하라. 회복된 에덴의 모습은 어떻게 하나님의 구속 계획을 완성하는가?

6 타락 후 아담과 하와가 하나님의 임재에 반응한 내용과(창 3:7-10 참조) 우리가 하늘에서 하나님의 임재를 경험하고 반응할 방식을 비교할 때 어떤 차이가 있는가?

7 요한계시록 22장 6-21절을 읽으라. 이것이 성경의 마지막 구절이다. 이 구절에서 어떤 점이 당신의 마음을 움직이는가? 주님은 당신이 어떻게 반응하기를 원하시겠는가?

1   요한계시록은 "행복하게 오래오래 살았습니다"라는 우리 인간 이야기의
결말보다 훨씬 심오하다. 몇 분간 시간을 내어 요한계시록이 어떻게 우리
인간 이야기를 구속하는 생생한 완결이 되는지를 곰곰이 생각하라. 요한
계시록에 묘사된 대로 우리가 앞으로 천국에서 경험하게 될 것에 대해
감사의 기도문을 간단히 작성하라. (그리고 하나님에게 말씀드리라.)

2   예수께서는 우리에게 "나라가 임하시오며 뜻이 하늘에서 이루어진 것같
이 땅에서도 이루어지이다"라고 기도하도록 가르치셨다. **당신은** 요한계시
록에 묘사된 하늘의 하나님 나라에서 어떤 측면이 당신 생애에 이 땅에
서 이루어지기를 기도하고 있는가? 그 기도대로 살아가기 위해 밟아야
할 다음 단계는 무엇인가?

3   요한계시록은 (그리스도가 구속하신) 사람과 천사와 모든 피조물이 하나님
에게 드리는 아름답고 기막힌 예배의 행위들을 묘사한다. 무엇을 말하고
있는지, 무엇을 행하고 있는지 알겠는가? 어떤 소리(그리고 침묵)가 발생하
는가? 예배의 중심은 누구이신가? 이 질문에 답한 후 잠시 시간을 내어
"하늘 예배의 일별"과 같은 당신이 속한 교회의 예배가 어떠한지 숙고하
라. 교회의 예배가 요한계시록에 묘사된 하늘 예배를 반영하도록 **당신은**
무엇을 준비할 수 있겠는가?

4 이제 우리는 함께 진행한 연구의 마지막에 도달했다. 이 연구에서 당신이 배운 것과 성령께서 당신 마음을 감동케 하신 것에 대해 몇 가지 단상을 기록하라. 소그룹이나 교회 학교에서 성경 공부를 하고 있다면 시간을 내어 하나님이 이 시간을 통해 당신에게 뭐라고 말씀하셨는지 나누고 서로를 위해 기도하라.

🔍 **연대표와
지도 살피기**

　　○ 연대표에서 "아직 임하지 않은 시대" 부분을 살펴보라.

　　○ 일곱 번째 지도 "기독교 증인의 확산"을 살펴보라.

⊕ **「신약을 읽다」와
함께 톺아보기**

　　○ 9장 "아직 임하지 않은 시대 II"(417-446쪽)를 읽으라.

응답으로의 초대

이제 우리의 연구를 마치지만, 영원히 중요한 사실은 하나님의 구속 계획이 오늘날 우리 각자에게 적용된다는 점이다. 하나님은 우리가 예수 그리스도를 믿음으로 자신의 이야기의 일원이 되도록 우리를 초대하신다. 구원을 주시는 그리스도를 믿어 본 적이 없다면, 지금 그렇게 하기를 개인적으로 초대한다. 다음 기도문을 안내 삼아 그렇게 하기를 권한다.

전능하신 하나님, 저는 당신의 인격과 계획의 위대함을 보게 되었습니다. 당신 앞에 저의 죄악 됨을 고백하며 당신의 명예를 더럽히고 당신에게 순종하지 않은 모든 일을 겸손히 회개합니다. 이제 저는 예수 그리스도를 신뢰합니다. 당신이 나의 죄를 그분에게 두셨음을 믿습니다. 제가 받아야 하는 그 공의로운 진노를 십자가에 쏟으셨습니다. 그분의 의로움이 이제 제 것이 됩니다. 그리스도의 빈 무덤은 죽음의 패배입니다. 그분의 부활은 저의 희망입니다. 이제 저를 성령의 임재로 채우소서. 새로운 삶 가운데 걷는 법을 가르치소서. 세상에서 당신의 사명을 확장하기 위해 어떻게든 제 삶을 사용하여 주시옵소서. 저의 시선이 당신, 예수님, 약속된 메시아이자 오실 왕에게 고정되게 하옵소서. 온 마음을 다해 지금, 그리고 영원히 당신을 예배하겠습니다. 예수님의 이름으로 기도합니다. 아멘.

당신이 이 기도문으로 기도했다면, 목회자나 성경 공부 지도자와 나누기 바란다. 그분들이 당신을 위해 기도할 수도 있고, 예수와 함께하는 여정에서 당신을 도울 수도 있다. 당신이 이미 예수 그리스도를 알고 있었지만, 이 연구를 통해 더 신실한 제자가 되었다거나, 선교 상황에서 활용하고 있다면 당신의 소식을 전해 주기를 바란다. 빈 무덤 웹 사이트(casketempty.com)를 통해 이메일 정보를 알 수 있다.

당신이 성령의 능력으로 예수 그리스도의 복음을 살아가고 선포할 때 주님이 복 주시기를. 당신이 하나님의 영감으로 된 말씀을 계속 연구하고 기뻐할 때 하나님이 당신의 마음과 지성을 사로잡으시기를. 하나님이 교회를 자신의 도구로 사용하셔서 그리스도 안에서 새롭게 하신 하나님의 인류가 발하는 영광을 비추게 하시기를. 하나님이 우리 모두를 부르셔서 오늘날 이 세상에서 하나님의 선교에 동참하게 하시고, 하나님 나라의 복음이 모든 민족까지 계속 확장되기를. 아멘.

데이비드 파머, 존 모서

인도자를 위한 지침

당신이 이 "빈 무덤"(CASKET EMPTY) 성경 연구에 착수했다니 참 기쁘다. 신약을 지나는 여정 가운데 하나님의 백성을 인도하는 일은 특권이자 큰 복이다. 그렇게 하여 우리는 다 같이 하나님을 향한 사랑과 더불어 성경에 계시된 구속 계획을 아는 지식이 더 깊어질 것이다. 이 바이블 워크북은 신약 전체를 포괄하기에, 훈련받은 목회자라도 이런 식으로 성경 공부를 인도하는 데 조금은 부담을 느낄 수 있다. 그러니 평신도 인도자는 더욱 그러할 것이다. 부담감 없이 신약을 가르치려면 오랜 세월 연구해야 한다. 하지만 당신이 반드시 전문가가 되어야 하는 것은 아니다. 또한 다른 이들 역시 당신에게 모든 해답이 있으리라 기대하지 않는다. 당신은 다른 이들과 함께하는 여정에 착수했고, 하나님의 말씀을 같이 연구해 나갈 것이다. 다만 매주 진행하는 공부에 앞서 효율적인 소그룹 인도자가 되기 위해 미리 준비할 수 있는 실용적인 방안이 있다.

시작하기

이 성경 연구는 매주 진행하는 소그룹 공부 또는 성경 강의용으로 고안되었다. 시작할 때 이 바이블 워크북과 「신약을 읽다」 연대표, 지도 등을 주문할 수 있도록 몇 주간 여유를 주는 것이 중요하다. 미리 교재를 가지고 있으면 "빈 무덤"(CASKET EMPTY)이라는 두문자어를 친숙하게 느끼고 그 의미를 파악할 수 있다. 빈 무덤 유튜브 채널에 있는 영상들도 성경 이야기에 익숙하지 않은 분들에게 유용하다. 이렇게 준비 기간을 몇 주 두면 아직 소그룹에 참석하지 않은 분들을 초대하는 기회로도 삼을 수 있다.

빈 무덤 웹사이트(casketempty.com)에는 무료로 내려받을 수 있는 성경 공부 초대 카드가 있다. 당신이 속한 교회 정보와 날짜만 입력하고 프린터로 출력하라. 당신이 설교도 함께하면서 좀 더 대대적으로 성경 공부를 인도할 생각이라면 홍보를 위해 빈 무덤 배너(수직형)를 세우는 것도 고려할 수 있다. 홍보 배너용 도안(영문판)도 빈 무덤 웹사이트에서 무료로 내려받을 수 있다. 개인적으로 성경 공부에 초대하거나 교회 홈페이지에서 쓸 수 있도록 홍보에 필요한 파일들도 있다. 지역 교회 상황에서 "빈 무덤"을 가르치는 교수법을 다룬 영상을 통해 이 여정을 어떻게 준비할지를 존 모서(John Moser) 목사에게 직접 들을 수 있다(빈 무덤 유튜브 채널에 있다). 마지막으로 이 공부를 더 큰 모임에서 하려고 한다면 대형 연대표 배너(영문판)를 구매하는 것도 고려할 수 있다. 그래서 공부를 진행할 공간에 전시할 수 있다. 홍보 용품과 대형 배너에 관한 정보는 빈 무덤 웹사이트(casketempty.com)에서 얻을 수 있다.

매주 준비

매주 참가자들은 신약 몇 장을 읽고 그 내용과 적용에 관련된 질문에 답을 하게 된다. 당신은 매주 성경 읽기와 토론 질문을 위해 시간을 할애해야 한다. 시간을 내어 기도하는 마음으로 성경을 읽으라. 그 내용을 더 잘 알기 위해 추가로 성경을 읽어야 한다고 느낀다면, 그러한 수고의 가치는 충분할 것이다. 하나님에게 말씀을 깨닫도록 통찰력을 달라고 구하고, 적용 질문을 지침 삼아 말씀을 어떻게 삶에 적용할지 기도하는 마음으로 생각하라.

읽기를 마치고 질문에 답하는 것 외에 성경 공부를 준비하는 최고의 방법은 「신약을 읽다」를 읽는 것이다. 매주 성경 공부 마지막(「신약을 읽다」와 함께 톺아보기)에 해당 내용에 상응하는 「신약을 읽다」 쪽수가 나온다. 「신약을 읽다」에서 해당 부분을 미리 읽으면 신약을 깊이 이해할 수 있고 인도자로서 자신감도 생길 것이다. 「신약을 읽다」는 반드시 당신이 최우선으로 '찾아가는' 자료가 되어야 한다. 성경 공부의 인도자용 지침서 기능을 하기 때문이다. 도움을 얻을 수 있는 다른 자료로는 (ESV나 NIV와 같은) 스터디 바이블이 있다. 이러한 성경은 특정 구절에 더 깊은 통찰을 제공하기 때문에 소그룹에서 제기할 질문들에 준비할 수 있다.

마지막으로 성경 공부를 준비할 때, 매주 한 걸음 물러나 성경 구절을 신약의 더 큰 줄거리 안에 배치해 보는 일이 필수다. 이렇게 하는 가장 좋은 방법은 눈앞에 항상 신약 연대표를 두는 것이다. 언제나 어디서나 구속사의 줄거리를 살펴보고 당신이 지금까지 무엇을 공부했는지, 또한 어디로 가고 있는지를 분명히 파악하라. 빈 무덤 신약 지도는 예수님의 사역과 교회의 선교적 확장을 시각적으로 보여 주기 때문에 연구 과정에서 매우 중요하다. 인도자로서 사람들이 신약 성경을 지나는 여정 가운데, 성경 줄거리의 '큰 그림'을 보면서 길에서 낙오되지 않도록 돕는 일은 필수다. 사람들은 매주 격려가 필요하다. 이 신약 성경 공부는 6주 내지 8주로 이루어진 대부분의 성경 공부보다 길기 때문이다. 성경 공부 인도자로서 당신이 해야 할 일은 사람들이 어디를 향해 가고 있는지 볼 수 있도록 돕고, 사람들이 난처해하거나 그 모든 세부 내용 중에 길을 잃지 않도록 지키는 것이다. 교회 전반에 걸친 커리큘럼의 일부로 성경 공부를 진행하고 그에 맞게 연속 설교를 진행한다면, 매주 설교는 당신이 모임에서 공부한 내용을 강화하고 소그룹을 교회 생활에 통합시키도록 도울 것이다.

일정

이 신약 바이블 워크북은 14주 과정으로 고안되었다. 함께 나온 구약 바이블 워크북과 함께 활용하면 성경 전체를 32주 내용으로 다루게 된다. 신약이 14주이기 때문에 중간에 한 주나 두 주 휴식을 두고(강림절 기간에는 더 긴 휴식도 가능하다), 두 번의 7주 과정으로 나눌 수도 있다. 이렇게 하면 오랜 시간에 걸쳐 내용을 소화할 수 있다. 아니면 연속으로 진행할 수도 있는데, 아마도 가을에 시작하여(강림절에 휴식을 두고) 새해로 이어지는 방식이다. 1월에 성경 공부를 시작해서 1년 동안 (여름 휴식을 포함하여) 성경 공부를 할 수 있다. 그리고 이상적으로 매주 80-90분을 확보해야 한다. 주일 아침 예배 전후로 공부를 진행한다면(그리고 한 시간만 허락된다면), 어떤 질문을 모임에서 나눌지 결정해야 한다. 그리고 시간 관리에 특히 주의해야 한다.

성경 공부 인도

이 바이블 워크북을 인도하는 방법은 다양하다. 어떤 형식이 가장 적절할지는 교회 상황에 달려 있다. 이 워크북을 소그룹에서 진행한다면 8-10명 정도가 교회나 집에서 모이는 편이 적절하다.

사람이 다 모이면 환영을 하는데, 첫 10-15분 동안 택할 선택지가 여럿 있다. 한 가지 방법은 지난 한 주 동안 배운 내용에 관해 피드백을 달라거나 의미 있게 다가온 내용을 나눠 달라고 요청하는 것이다. 도입 질문 형식은 상당히 자유롭다. 목적은 당신이 워크북에 있는 질문을 본격적으로 시작하기에 앞서 소통하는 데 있다. 이러한 접근법은 사람들이 어떤 필요를 느끼는지 빠르게 파악할 수 있다는 장점이 있다. 따라서 결과적으로 당신은 그 필요에 토론을 맞출 수 있다. 두 번째는 수업을 시작하며 몇 가지를 설명하면서 더 적극적으로 가르치는 역할을 감당하는 방식이다. 이러한 접근법은 내용을 복습하고 수업이 어디로 가고 있는지를 상기시킬 수 있다는 장점이 있다. 당신이 편안함을 느끼는 정도에 따라, 모임에 참여하기 전에도 질문할 기회를 만들 수 있다. 교회에서 대형 신약 배너를 만들어 홍보하고 있다면, 그 배너에 당신이 수업을 시작하며 설명할 내용을 소개할 수 있다. 이렇게 하면 사람들은 시각적으로 신약 성경을 미리 살필 수 있고, 당신은 이번 주 공부 내용에서 다룰 핵심적인 부분을 연대표에서 미리 짚을 수 있다. 이러한 접근법의 이점은 강력한 시각적 요소를 제공한다는 점인데, 빈 무덤 커리큘럼의 핵심이라고 볼 수 있다. 당신이 좀 더 큰 성경 수업에서 이 교재를 사용하고 있다면, 이러한 형식이 특히 효과가 좋다.

도입을 마쳤다면, 큰 그룹을 더 작은 토론 그룹으로 나눌 수 있다. 그렇게 해서 각각 인도자를 세우는 것이다. 모든 질문을 다룰 시간이 안 된다면 매주 성경 공부 시간에 어떤 질문을 다룰지 결정해야 한다. 적용 질문 시간은 확실히 남겨 두라. 이렇게 해야 하나님의 말씀을 자신의 삶에 어떻게 적용하는지 나눌 기회를 제공할 수 있다.

마지막으로 기도로 매주 공부를 마무리하는 것이 중요하다. 이렇게 해야 연대감이 생기고 서로를 돌보고 주님 앞에 걱정을 내려놓으면서 공동체가 강화된다. 믿음으로 성경 공부 인도자로 서기로 했다면, 주님이 자신의 말씀을 가르칠 수 있도록 당신을 준비시키실 것이고, 당신은 자신감 있게 그 일을 할 수 있을 것이다. 하나님의 말씀은 그 기뻐하시는 뜻을 이루지 않고는 헛되이 되돌아오는 법이 없다(사 55:11). 하나님의 말씀 연구가 당신을 언제나 살아 있는 중심, 예수 그리스도로 인도하기를 바란다.

신약을 읽다

14주 바이블 워크북

초판 발행   2024년 5월 25일
지은이   데이비드 파머 · 존 모서
옮긴이   이대은
발행인   손창남
발행처   (주)죠이북스(등록 2022. 12. 27. 제2022-000070호)
주소   02576 서울시 동대문구 왕산로19바길 33, 1층
전화   (02) 925-0451 (대표 전화)
            (02) 929-3655 (영업팀)
팩스   (02) 923-3016
인쇄소   송현문화
판권소유   ⓒ(주)죠이북스
ISBN   979-11-984942-7-6 03230